& ROSY
特別編集

35歳を過ぎたら
知っておきたい
美容テクニック 101

& ROSY編集部

宝島社

PROLOGUE

肌のくすみ、小じわ、体形のたるみ……。
35歳を過ぎ、そんなトラブルが
気になり始めている人も多いのではないでしょうか。

「いつまでも20代のようにありたい」そう願う人も少なくないかもしれませんが、
しかし、どんなにケアを頑張ってきた人でも、
35歳を過ぎると、肌にも体形にも変化が生じるもの。
そして、それは誰もが受け入れざるを得ないことでもあるのです。

しかし、年を重ねることをネガティブに捉える必要は、決してありません。
だって、35歳を過ぎた女性には、
20代の女性にはない圧倒的な大人の魅力があるから。
そして、年齢を重ねたからこそ引き立つメイクがあり、
大人の女性にしかまとえない品格があるからです。

でも、20代のころと同じ美容法やメイクではその魅力や品格を引き出すことはできません。
それどころか、同じ方法を実践していては、老けた印象さえ招きかねないのです。

だから、35歳を過ぎた皆さんが今必要なのは、これまでの美容法を見直すこと。
そして、大人の魅力を引き出すための正しいテクニックを身につけることです。

この本にのせたのは、プロが教える本当に必要なテクニックばかり。
そして、どれもが簡単なことばかりです。
スキンケアやメイクを少し変えるだけで、魅力は何倍も変わります。
少し手をかけてあげれば、大人の女性の魅力はどんどん引き出されていきます。
ここで紹介するテクニックをぜひ今日から実践してみてください。

CHAPTER I

SKIN CARE

監修：石井美保

CHAPTER II
BASE MAKE
監修：長井かおり

CHAPTER III
POINT MAKE
監修：イガリシノブ

CHAPTER Ⅳ
HAIR

監修：犬木 愛

CHAPTER V
BODY
監修：久 優子

CHAPTER VI

HEALTH

監修：石原新菜

CHAPTER I

SKIN CARE

35歳からのスキンケア

by

MIHO ISHII

TIPS
01
|
23

PROFILE

トータルビューテサロン Riche主宰。Riche Eyelist Academy主宰。麻布十番でまつげサロンを12年経営し、アイリストの育成の傍ら、豊富な美容知識を生かしたメイクレッスンや美容カウンセリング、パーソナルコンサルティングなどを行う。著書は、『石井美保のSecret Beauty』（宝島社）など。

エイジングに負けない対策を

――美容家 石井美保

どんなにスキンケアを頑張ってきても、
35歳を過ぎると直面してしまうのが、「にごり」「ゆるみ」。

からだの代謝が落ちてくると、
どうしても、肌のコンディションにも影響が出てきてしまいます。
35歳からは、エイジングに負けないための対策が必要なとき。
化粧品選びやケアの方法を見直すべき時期でもあるのです。

年齢に負けない生き生きした肌でいるためには、
いまやるべきことをしっかり見つめ、
正しいケアを実践しましょう。

TIPS
01

にごりがなく
フェイスラインが
シャープなら、勝ち！

やみくもに新しいスキンケアテクニックやコスメに挑戦し、失敗を繰り返していた20代。試行錯誤しながらも、〝いま〟するべきスキンケアや使うべきコスメが確立してきた30代。

そして現在、40代。スキンケアに自信があったので、年齢を重ねて起こるトラブルは、「私には関係ない」と思っていました。けれど、「にごり」と「ゆるみ」はどうしても襲ってくるものなのだと実感しています。

「にごり」は肌色がにごって黄ばんで透明感を失うこと。色白、色黒に関係なく起き、〝お煮しめ〟のような肌は老けた印象を与えてしまいます。

「ゆるみ」は筋肉がゆるくなって、たるみを起こすこと。顕著に現れるのはフェイスライン。鏡を正面から見ていると、フェイスラインよりもほうれい線や目もとの小ジワにばかり目がいきがちですが、他人から見られているのはむしろ横顔。フェイスラインのもたつき具合で、若いか若くないかを判断しているのです。

つまり35歳からは、にごりがなく、フェイスラインがシャープなら、勝ち！ なのです。

TIPS 02

35歳からやるべきことは、糖化ケア、めぐりケア、顔筋ケア

いつまでも美しく若々しい肌を保てるかは、30代の頑張り次第だと思います。もちろん、40代、50代から本格的なエイジングケアを始めても、正しくケアすればきちんと効果を実感することができると思います。けれど、エイジングケアの必要性をうすうす感じているくらいからお手入れを始めていれば、くすみやたるみに悩まされてか

ら始めるよりも、時間も労力もお金もかからないはずです。目指すのは、「にごりがなく、フェイスラインがシャープ」。そのためにやるべきことは3つ。

ひとつめは「糖化ケア」。糖がたんぱく質と結合して起きるのが糖化で、糖化すると糖化最終生成物・AGEsが作られます。AGEsは、コラーゲン同士を結合させ弾力性を低下させるのでたるみの要因に。また、糖化すると、元々透明のコラーゲンやケラチンなど、肌を構成しているたんぱく質が黄ばんだり茶色に変色したりして、くすみの要因にもなります。40代くらいからAGEsがたくさん作られるようになってしまうからです。糖質をおさえた食事を心がけ、コスメで糖質ケアを（Ｐ18〜21参照）。

ふたつめは「めぐりケア」。年齢を重ねて普通に生活していると、どうしても代謝が落ちてしまいます。代謝が落ちると血行が悪くなり、これもまた肌をにごらせてしまいます（Ｐ22〜25参照）。代謝と血行を促すように心がけて。

3つめの「顔筋ケア」は、顔の筋力を高めること。肌をそっと指でおしてみて、ふにゃふにゃっとしていたら、それは筋力が落ちてゆるんでいる証拠。そのままにしていると肌のたるみも進み、フェイスラインがもたつき、ほうれい線も小ジワも目立たせてしまいます（Ｐ28〜29参照）。

TIPS
03

糖質の多い食品を控え、保湿重視から糖化ケア重視にコスメをシフト

甘いものが大好きで、30代のころはちょっと疲れるとチョコレートやケーキなどを摂っていましたが、いまはなるべく口に入れないようにしています。それは、サロンにいらっしゃる40代からのお客様で、透明感があってたるみのない肌の方は、甘いものをほとんど食べないことに気づいたから。これは糖化ケアにつながります。

糖化とは、パンケーキに焼き色がつくのと同じようなことが、肌で起きること。パンケーキの美味しそうな焼き色は、小麦粉や卵、

牛乳のたんぱく質と、砂糖の糖が加熱されることでできます。私達の肌を構成しているコラーゲンなどもたんぱく質。食事で摂った糖がたんぱく質と結びつき、体温で温められて糖化が起きます。最近は糖質制限ダイエットが人気なので、パンやご飯、パスタなどの主食を控え、糖質オフを心がけている方もいらっしゃるかと思いますが、量の差はあるものの、ほとんどの食品は糖質を含んでいるので、食事を摂ることでどうしても糖化は起きてしまうのです。さらに40代になると、糖化によってでき、たるみを引き起こす原因となるＡＧＥｓが作られやすくなってしまいます。

そこで私は、スキンケアコスメを保湿重視から糖化ケア重視にシフトしました。普通に生活しているだけで起きてしまう糖化に対応するには、糖化ケアにアプローチできるコスメに頼る必要があると考えたからです。

また、紫外線は糖化を進める要因にもなるので、日焼け止めも糖化ケアにアプローチできるものを選ぶようにしています。

Recommend items

糖質ケアにオススメのスキンケアライン

日々進む糖化をケアするならスキンケアを使いこなしてみて。

POLA

糖化がエイジングに関わることにいち早く着目

糖化に負けない肌に整えるために、ハリや弾力を司る線維芽細胞が、コラーゲンを生み出す前に産生するバーシカンに着目。ハリや弾力だけでなく、肌の黄ばみもケア。
B.A（右から）クリーム 30g ￥32,000、ミルク80ml ￥20,000、ローション 120ml ￥20,000、ウォッシュ 100g ￥10,000、クレンジング 130g ￥10,000(すべてポーラ)

ayanasu

敏感肌特有の
エイジング
トラブルをケア

外部刺激に敏感な肌は、バリア機能が低下しやすくエイジングトラブルも加速しやすい。そこで、バリア機能を高めながらハリ、たるみ、クマ、糖化も積極的にケア。

アヤナス（右から）アイクリーム コンセントレート 15g ¥5,000、クリーム コンセントレート 30g ¥5,500、エッセンス コンセントレート 36g ¥7,500、ローション コンセントレート 125ml ¥5,000（すべてディセンシア）

ALBION

若肌ホルモンの
はたらきを助け、
エイジレスな肌を目指す

マダガスカルの希少な植物から抽出したエキスを配合。あらゆるホルモンの前駆体「DHEA（デヒドロエピアンドロステロン）に注目し、老化を加速させる活性酸素や、肌の黄ぐすみ、たるみを引き起こす糖化などにアプローチする。
エクシア アンベアージュ（右から）ル セラム 40ml ¥38,000、ディオネクター 30g ¥25,000、ローション 200ml ¥18,000、ミルク 200g ¥18,000、（すべてアルビオン）

TIPS 04

入浴、ウォーキング、良質のたんぱく質でめぐりケア

30代のころは、マッサージをしてもらって「めぐりが悪いですね」、「滞っていますね」などと言われてもあまりピンとこなかったんです。でも、40代になって、どんなにスキンケアをきちんとしてもくすみやたるみが解消できなくなって……。これが、めぐりが悪くなっているということ？　と思い、入浴時にバスタブに浸かるようにしてみたのです。それまでは忙しいし、汚れさえ落ちればいい、とほぼ毎日シャワーで済ませていました。けれどしっかりバスタブに浸かってみたら、効果テキメン。肌のくすみが解消されて透明感が出ただけでなく、肌が引き締まった感じも得られたのです。これはからだを温めることで血行が促され、めぐりがよくなったからだと実感。いまはほぼ毎日バスタブに浸かるようにしています。

でもゆっくり浸かる時間はないので、効率よくめぐりをよくするために、炭酸入りの入浴剤とからだを芯から温めるバスオイルをWで使い、43℃のやや高めの温度で5～10分くらい浸かっています。

1時間かけて半身浴、なんて忙しい毎日に取り入れるのは難しいと

漢方の製薬会社ならでは。6種の植物由来生薬100％の入浴剤。血行を促進し、疲労回復にも期待ができる。養生薬湯 20g×30包 ￥7,000（再春館製薬所）

からだの芯から温める。エッセンシャルオイル配合。ポール・シェリー シルエット クラリファイング　バスオイル 150ml ￥7,000（ピー・エス・インターナショナル）

思いますが、10分くらいなら続けられるはず。バスタブに浸かりながらシートマスクをしたりクリームパックをすれば、時短ケアにも。

さらに、めぐりをよくするためには適度な運動も必要なので、ウォーキングもするように。40代になるまでは運動をほとんどしなかったのですが、一番老けにくい人は、毎日1万歩歩いている人だった、というY's サイエンスクリニック広尾のデータも心に響き、いまはスニーカーを常備してサロンの行き帰りで1万歩、歩いています。みなさんも通勤時間を利用するなど、工夫してウォーキングを取り入れてみてください。

意外かもしれませんが、めぐりには食事も関係しています。私はマクロビオティックをベースにした食事をしているので、40代になるまであまり肉類を摂っていませんでした。けれど血行をよくするには、血管力を高める必要があり、血管力を高めるには血管を作っているたんぱく質を積極的に摂る必要があると知り、日々の食事に肉類で良質なたんぱく質を摂り入れるようにしています。

TIPS
05

スキンケアで めぐりケアするなら、 炭酸美容

血行と代謝を促進する炭酸ムースタイプ化粧水。透明感のある肌に。ブラン エクスペール ムース ローション 80g ¥7,000（ランコム）

高濃度マイクロ炭酸の泡でスキンケアの浸透を高める土台美容液。ソフィーナ iP 美活パワームース 90g ¥5,000〈編集部調べ〉（花王）

高濃度炭酸デリバリーシステムで、純度の高い炭酸ケアができる。プロージョン 炭酸ミスト ハンディセット ¥27,500（MTG）

代謝が落ち始める40代になり、からだの中からのめぐりケアに気を配るようになりましたが、スキンケアでもめぐりケアを心がけています。スキンケアでめぐりケアなら、手軽な炭酸美容がオススメ。炭酸には血行を促す効果があるので、新陳代謝を活発にし、肌のくすみやゴワつきなどをケアすることができます。マッサージはやり方を間違えるとかえってシワやたるみを引き起こしてしまうし、時間や手間がかかりますが、炭酸美容なら肌に負担をかけず簡単に続けることができます。化粧水や美容液、乳液やクリームをつける前に炭酸ミストを吹きかけたり、炭酸パックを。炭酸は即効力があるので、すぐに透明感が出て肌が引き上がるのを感じられます。

また、炭酸には肌の古い角質や汚れ、メイクアップなどを吸着する性質もあります。炭酸入りの洗顔料を使ったり、炭酸入りの導入美容液などでふき取ると、毎日の洗顔だけでは落ちにくい汚れもきっちりと落としてくれるので、このあとに使う化粧水や美容液などの浸透をより高める効果も得られます。

TIPS
06

35歳を過ぎたら、体温を上げることも意識

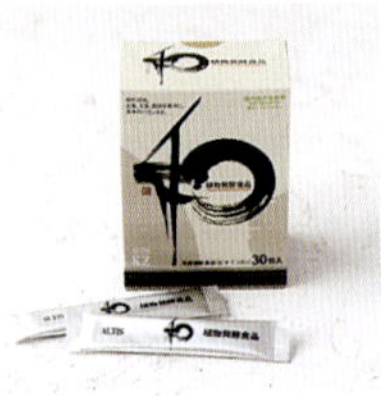

大麦若葉や生姜など、80種類以上の植物を焙煎発酵。酵素の力で老化を招く活性酸素を除去。
和 30包 ¥12,000(アルティス)

90種以上の栄養素を含み、パーフェクト食材といわれるモリンガや、スピルリナなどのスーパーフードがたっぷり。
アーユル青汁 180包入 ¥14,000(エル カフェ)

40代になって「体温を上げること」も始めました。体温が下がると血行も悪くなり、めぐりも悪くなってしまうからです。また、体温が下がると免疫力が落ちてしまい、肌のバリア機能も弱まって肌あれを起こしやすくもなります。私も30代のころは平熱が35℃ないときがあり、顔色が悪くなったり冷え症に悩まされたりすることがありました。そこで酵素を飲むように。酵素は食物の栄養を体温維持のための力に変えるはたらきがあるからです。すると飲み続けて3カ月でなんと平熱が36・8℃に！　風邪もひかなくなり、体調も肌の調子も崩しにくくなりました。

酵素はサプリやドリンクで摂っていますが、ときには手作りすることも。煮沸消毒した瓶に旬の生のフルーツと砂糖を入れ、1日1回手でかき混ぜると1週間くらいでブクブクと発酵してきます。手で混ぜるのがポイントで、その人の常在菌が発酵を助けてくれるそう。確かに元気なときに手で混ぜると元気にブクブク発酵するのですが、風邪をひいているときに混ぜてしまうとシーンとして発酵が止まり、酵素が死んでしまいました。最近のお気に入りは、手軽に飲める酵素入り青汁。食事のときに飲むようにしています。

TIPS
07
顔筋ケアは、〝ニッコリ固め〟で、ゆるんだ顔の筋肉を引き締める

頬を優しくおして、ふにゃふにゃとしていたら、頬の筋肉がゆるんでいる証拠とP17でお話ししました。顔の筋肉がゆるむと、パンとハリのある顔を形状記憶することができなくなり、ちょっとしたむくみでも輪郭をいびつにしてしまいます。

顔の筋肉を鍛えようと思うと、マッサージや顔筋体操、顔ヨガなどが浮かぶと思いますが、これは意外に難しく、正しい知識を持っていないと、かえって顔の筋肉の繊維をつぶしてしまい、たるみやシワを引き起

こしてしまうことも。

そこで私は「ニッコリ固め」をしています。「ニッコリ固め」って何？と思いますよね（笑）。顔全体の筋肉を使って、マックスの笑顔を作り、両手の平で両頬を下から上に思いきり引き上げて2分キープ。ストッキングを頭からかぶって引っ張ったときのイメージ、でしょうか（笑）。意外にキツイのですが、私はこれを続けてたるみとは無縁に。このとき、目もとのシワも手の平で伸ばすようにします。朝晩のスキンケアのときと、ちょっとした隙間時間に続ければ、ゆるんでいた筋肉が引き締まり、たるみのケアに。私はたまに、移動中のタクシーの中でもしてしまいます。バックミラー越しに運転手さんに驚かれてしまいますが（笑）。

たるみやシワは、人から見てはっきり分かるようになってからお手入れするのは大変。自分で肌を触って「ちょっとゆるんでいるかも？」と思うくらいから始めれば、なんとか食い止められます。私も40代になった途端にゆるみを感じて立ち向かったので、たるみへの坂道を転げ落ちずに済んでいます。

TIPS
08

ご注意！
舌の位置で
フェイスラインは
たるみます

ところでみなさんは、パソコンやスマホを操作しているときやテレビを観ているときなど、食べたり話したりしている以外の時間、舌はどこにありますか？　じつは舌が下の歯についていたり、口の中で浮いていたら、それはあご下をたるませることに。

これはかかりつけの歯科医の方から聞いたのですが、じつは舌には正しい位置があり、それは上あごのへこみの部分にピタッとおさまっていることなのだそう。それ以外の場合、舌の筋肉が弱まっていて、本来の位置にキープできていない可能性が。舌の筋肉の低下は顔の下側の筋肉の低下にもつながり、顔の筋肉が重力で引っ張られ、どんどん下に下がってしまうため、たるみやフェイスラインのもたつきにつながってしまうのです。

私も歯科医に言われるまで舌を下あごにつけていたのですが、上あごに置くように意識するようになって、フェイスラインが引き締まってきたのを実感しています。下あごに置いていた人は、上あごに置くのが最初はキツイと感じるかもしれませんが、意識して続けてみて。舌の正しい位置を意識するだけで、舌の筋肉も下あごの筋肉も鍛えられるなんてお手軽ですよね。

TIPS 09

水と油の摂り方も、美肌作りにつながります

年齢を重ねると、水と油にもこだわるべきだと実感しています。30代のころは水を飲むことが嫌いでした。味のないものを飲むなんて意味がないと(笑)。けれど40代になってめぐりをよくするために水を飲むようになって、肌の乾燥まで気にならなくなってきたのです。年齢を重ねるとからだの水分量は減っていくので、必要な量を補ってあげることが大切だと思います。一般的に体重×35（30

オーダーを受けてから手搾り。酸化が少なくフレッシュでピュア。
クルミオイル（アメリカ産）100g ¥1,620（フレスコ）

pH9.5～9.9のアリカリイオン水。乳化作用で油と混ざり、不要な体内の油をデトックス。
温泉水99 500ml ¥160(エスオーシー)

歳以上55歳未満）＝1日に必要な水分量といわれていますが、1日の活動量なども考えて、ご自分で調子がいいと思う量を飲むようにしてみてください。できれば水の質にもこだわって、何かプラスアルファの効果が得られるものにしてみて。私は体内の不要な油を乳化させて排出させる効果があるといわれる、アルカリイオン水を選ぶようにしています。

　また、年齢を重ねると肌の油分も減ってしまうので、艶のある肌を保つためには、油を適度に摂ることも必要だと考えているのですが、その油はフレッシュでできるだけ酸化していないものにしています。年齢を重ねて代謝が落ちると、毛穴から出る脂もニオうようになるのですが、フレッシュで酸化していない油を摂っていれば毛穴なら出る脂がニオイにくくなるからです。私は注文を受けてから手搾りで作る「フレスコ」の、ナッツを搾って作ったオイルがお気に入り。まったく油という感じがなく、ジュースのよう。1日にスプーン1杯、サラダにかけたり、そのまま飲んだりしています。

TIPS
10

私が朝20分かけて
スキンケアする理由

私は朝のスキンケアに20分かけることをオススメしています。「忙しい朝に20分もかけられない！」「スキンケアって夜丁寧にすることが大事なのでは？」と思われるかもしれませんが、スキンケアをしたあとの肌が、朝と夜、どちらが過酷かを考えてみてください。夜は最低限のケアができていればあとは寝るだけですよね。

でも朝は違います。日中に紫外線を浴び、大気の汚れにさらされ、空調で乾燥する……。そんな日中の過酷な環境に負けない肌に整えておく必要があります。また、水分と油分をミルフィーユのように何層も重ねることで肌の水分と油分を適正に保ち、ふっくらと艶のある肌に仕上げることで、メイクのノリはもちろん、持ちも格段によくなり、日中のメイク直しが必要なくなることも。

だから朝こそ、じっくり手をかけるスキンケアが必要なのです。

TIPS
11

スキンケアで注意することは、徹底的に肌をこすらないこと

私はスキンケアをするときに、絶対に肌をこすりません。肌をこすることは肌の色素沈着、つまりシミやくすみにつながるからです。特に35歳からは、ちょっとした摩擦が全て色素沈着につながると神経質過ぎるほどに思って欲しいのです。

スキンケアのなかでこする行為をしがちなのが、洗顔。自分はき

ちんと泡立てた洗顔料で洗っている、と言う方が多いと思いますが、その泡で肌をこすってはいませんか？　もこもこの泡を立てるのは、泡立てることで洗顔料が洗浄効果を発揮しやすくなるから。だから泡を肌の上で優しく転がすだけで、汚れを落とすことができるのです。なのに、せっかくもっちりと泡を立てても、その泡でゴシゴシとこすってしまっては本末転倒です。すすぎでも肌をこすらないように細心の注意を。肌に残った泡を無意識にこすりながらすすいでいないか、チェックしてみてください。そしてその他のスキンケアアイテムをつけるときも、「肌をこすらない」という意識を持って。

また、スマホやテレビを観ながら頬杖をついたり、日常的にマスクをつけるのも、少なからず肌をこする行為なので、色素沈着の原因に。仕事でマスクをつけなければならない方は、色素沈着ケアのために美白コスメをプラスしましょう。

「年齢を重ねるほど、肌を触るときは優しくする」ことが、色素沈着という〝不要な影〟を顔に作らない秘訣です。

TIPS
12

洗顔料の泡は転がすだけ。
すすぎはぬるま湯を
顔に当てるだけ

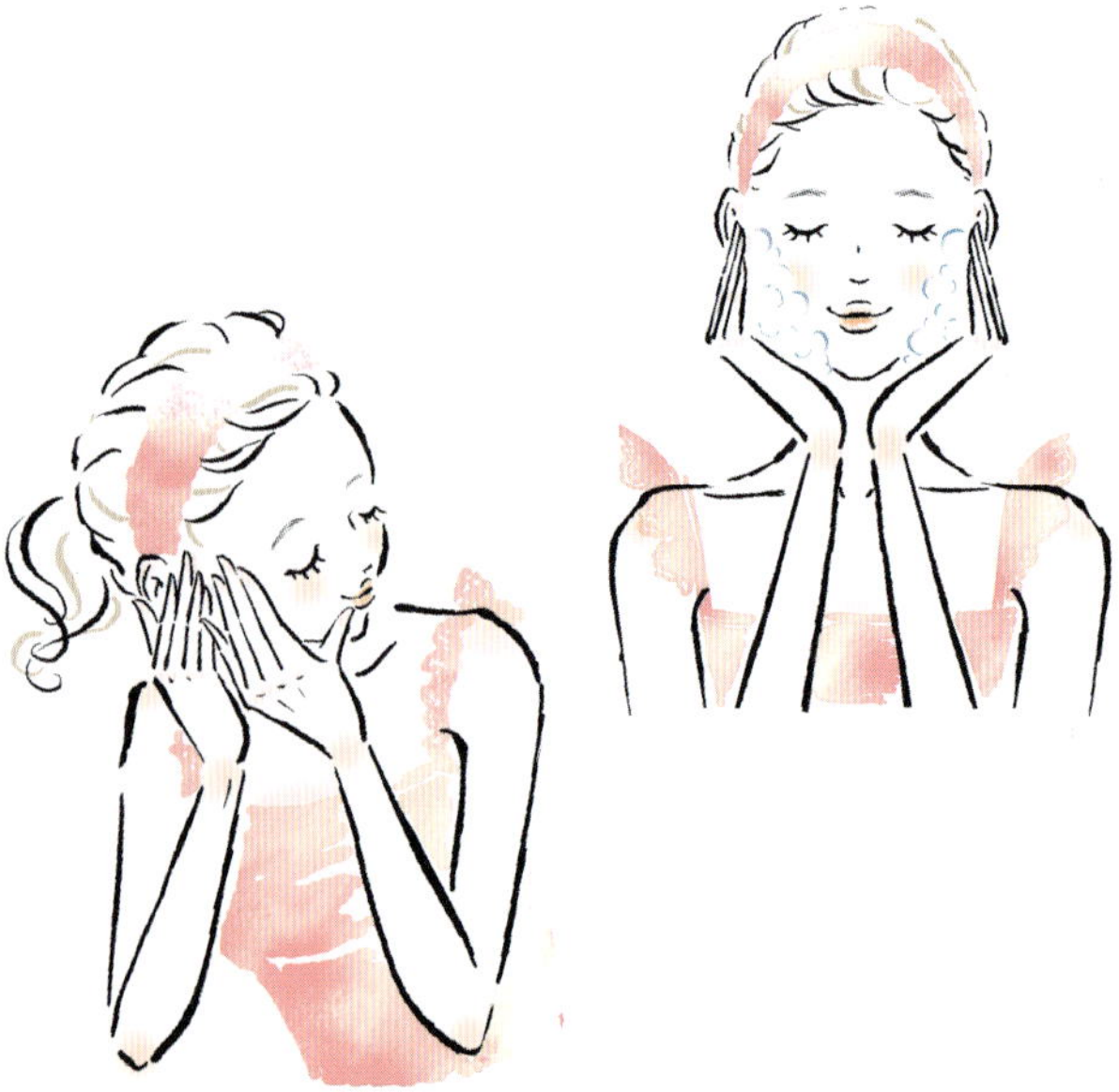

ミネラルクレイと植物エキス配合。くすみまでスッキリ。
オンリーミネラル エクストラフォーミングソープ 100g ¥3,000（ヤーマン）

濃密な泡が、毛穴の奥の汚れや古い角質も優しくオフ。
リサージ クリーミィソープa 125g ¥3,500（カネボウ化粧品）

ここからは具体的なスキンケアテクニックをご紹介します。まずは洗顔。卵1個大を目指して洗顔料をもっちりと泡立てます。これを皮脂が気になるTゾーン、額、頬、あご先、目もとの順に、手と肌の間の泡を転がすようにし、顔全体になじませていきます。スポンジケーキに生クリームを塗るような感覚で、ふわっと顔になじませます。

洗顔料の泡を転がして、汚れを泡に吸着させたらすすぎです。手を浸けて冷たくないと感じる程度のぬるま湯（30℃くらい）を、顔の前面にぱしゃ、ぱしゃっと10回くらい当てます。次は顔の側面。顔を横に向けて同じようにぱしゃっ、ぱしゃっと左右各5回ずつ、ぬるま湯を当てます。額とあごも、同じように5回ずつ。最後にフェイスラインなどのすすぎ残しがないか、チェックすることも忘れずに。

シャワーを直接顔に当てて顔をすすぐ、という方がいるようですが、水圧も肌にとっては〝摩擦〟になるので、避けてください。

TIPS
13

エイジングケアには、美容液よりも良質なタオル

35歳を過ぎたら、すすいだあとに顔をふくタオルにも気を配りましょう。もしかしたら、エイジングケアには、高い美容液を1本買うよりも質のいいタオルを1枚買うほうが、早いかも。それほどタオルは重要です。洗顔後に顔をふくタオルが、洗いざらしたゴワゴ

ワのタオルだったりしませんか？　どんなに優しく洗ってすすいでも、ぞうきんのように（笑）ゴワゴワなタオルでふいていたら肌に摩擦が加わり、色素沈着を起こしてしまいます。ふき方は、タオルを顔に当てたら動かさないこと。タオルに顔の水分を吸収させるだけにしましょう。そこで重要になってくるのが、タオルのクオリティ。肌当たりが優しくて吸水性の高いタオルなら、肌に当てるだけでしっかりとふくことができるからです。顔用にぜひ、質の高いタオルを用意して。ちなみに私は旅行などで宿泊先のタオルがどんなものか分からないときは、厚手のクッキングペーパーを持参しています。意外かもしれませんが、高級タオル並みの肌当たりの優しさと吸水性があるので、オススメです。

タオルといえば気になるのが、アイメイクの汚れが目尻に残ってしまったときに、タオルの角でふいてしまう人がいること。そんなことを続けていたら、目尻に三角の色素沈着ができてしまいます。目尻の色素沈着はできてしまうと厄介なので、絶対にしないで。

TIPS
14

化粧水は肌が「もう要らない」というまで入れ込みます

洗顔後は、時間を置かずに化粧水で保湿します。35歳を過ぎると、肌の乾燥が気になってくるので、肌が「もう要らない」というまで、化粧水をしっかりと入れ込んでいきましょう。手の平に化粧水を取り、ハンドプレスでじっくりと入れ込んでいきます。これを10回繰り返します。肌に入っていかなくなったら、充分に潤いが行きわたっているサイン。肌の状態によっては6回でOKなときもあるし、やっぱり10回必要なときも。肌の声を聴いて、しっかりと入れ込むようにしましょう。

TIPS 15

〝石井式肌アイロン〟で、シワ、たるみと無縁の肌に！

私の朝のスキンケアのハイライトは、美容液、乳液、クリームをつけるときに行う肌アイロン。この肌アイロンは、シワやたるみを伸ばすようにして、その状態を形状記憶させるようなもの。しかもめぐりもよくなるのでむくみも解消でき、続けることでスキンケアしながら小顔作りを狙えます。

すべてのプロセスは手で行います。これは〝触診〟するように、毎朝肌の様子をしっかり見極めながらケアをするためです。

10回つけた化粧水とともに、美容液、乳液、クリームをミルフィーユのように薄く丁寧に重ねていくことで、日中の過酷な肌環境に負けない、ベストなコンディションの肌に整えることができます。ふっくらとしたハリとみずみずしい透明感、生き生きとした艶も肌に加わり、メイクの仕上がりもパーフェクトに！　しかも、肌の水分・油分バランスが整うので、メイクしたての美しさがずっと続き、日中のメイク直しの回数も減らせるはずです。

朝の20分で、その日1日をキレイに過ごすことができるかどうかが決まる。そう考えれば、最初はつらいと思っても習慣化できると思います。

TIPS 16

美容液をつけたらほうれい線を肌アイロンで撃退

ほうれい線は、顔に目立つ影を作ってしまうので、年齢を感じさせてしまいます。深く刻み込まれないように、肌に優しくアイロンをかけてあげましょう。

美容液を手の平になじませたら、こめかみを斜め上に引き上げてキープするところから始めます(1)。もう片方の手でほうれい線をそっとなぞりながら(2)、こめかみへとすべらせていきます(3)。シワにアイロンをかける気持ちでそっとなぞり、決して肌をこすってシワを作らないように注意して。これを10回繰り返します。

HOW-TO

PROCESS
(1)
こめかみを引き上げてキープ。

PROCESS
(2)
ほうれい線を指の腹でなぞる。

PROCESS
(3)
こめかみへとすべらせる。

TIPS
17

目の下のたるみ、小ジワのアイロンがけは、赤ちゃんをなでるように優しく

小ジワができやすい下目尻から、老け印象を加速させる目の下のたるみを一掃する肌アイロン。デリケートなゾーンなので、指のタッチは赤ちゃんをなでるような気持ちで、特別に優しく。目のまわりの滞りとこりもスムーズになって、生き生きとした表情にも。

P46～47のほうれい線の肌アイロンのこめかみを引き上げていた手はそのままにし、薬指と小指の腹で美容液を眉間から(1)下目頭から下目尻(2)、こめかみまでスーッとなじませていきます(3)。これを10回繰り返します。特に気になるときは、目もと用美容液やアイクリームで。

HOW-TO

PROCESS
(1)
眉間からスタート。

PROCESS
(2)
目頭から目尻方向へスーッと。

PROCESS
(3)
引き上げていたこめかみへ。

TIPS 18

オデコのシワも上まぶたの重みもスッキリと

表情グセなどで額に横ジワが入ってしまう……。上まぶたがたるんで重く感じられる……。なんてお悩みを吹き飛ばす肌アイロン。

薬指と小指の腹に美容液をなじませ、こめかみの上に揃えて置き、眉の上から生えギワに向かって優しく引き上げていきます(1)。少しずつずらしながら、額の端から端まで、眉から生えギワにむかって引き上げます(2)。鏡を見ながら、シワが伸びているのを確認しながら行って(3)。

HOW-TO

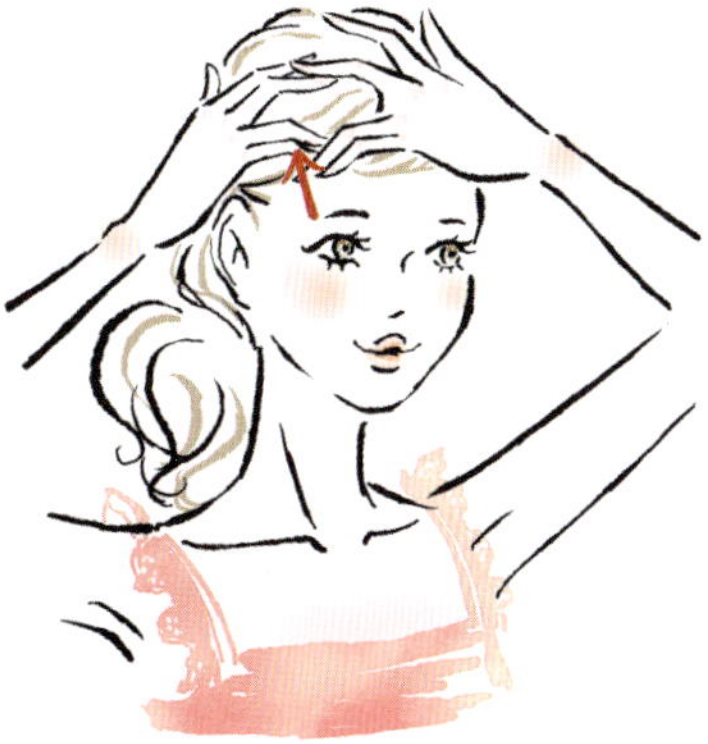

PROCESS
(1)

薬指と小指を
こめかみの上に置き、
眉上から生えギワに引き上げる。

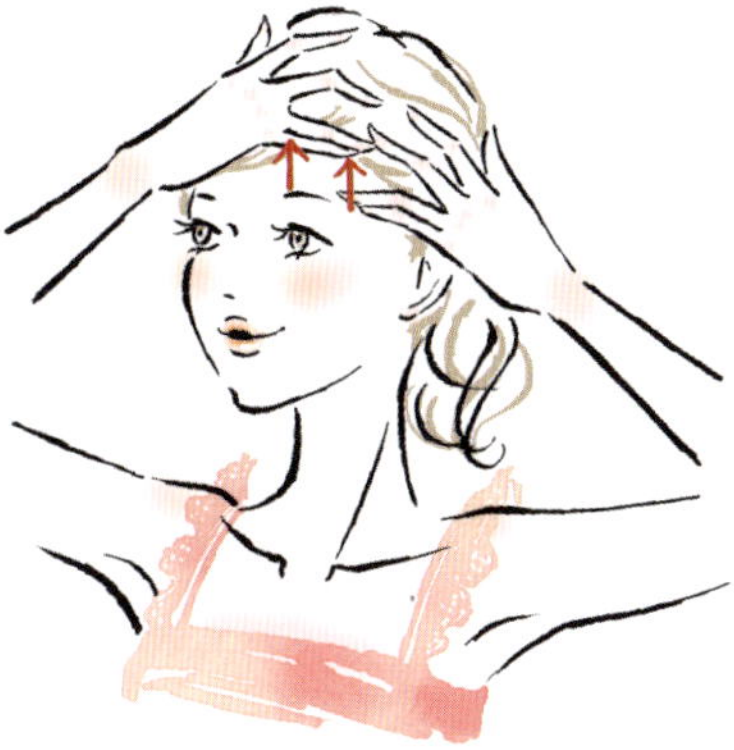

PROCESS
(2)

額の端から端まで引き上げる。

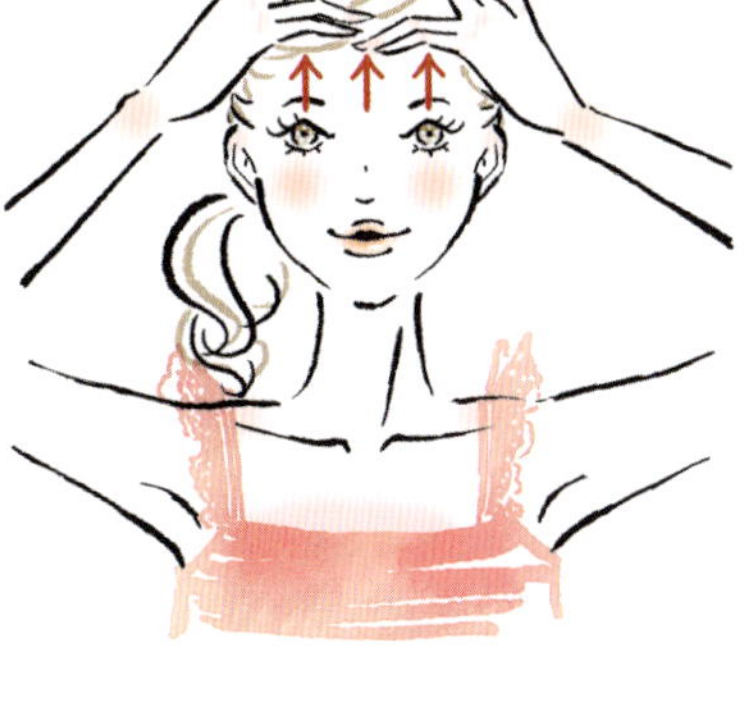

PROCESS
(3)

鏡を見ながら、
シワが伸びているのをチェック。

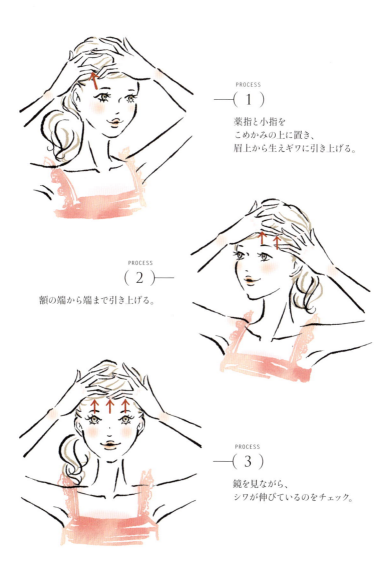

TIPS 19

死守すべき引き締まったフェイスラインと意外に見られている首のシワにも肌アイロン

35歳からの美しさに差をつけるフェイスライン。たるみを引き上げてスッキリ引き締めるために重要な肌アイロンです。同時に、思っている以上に他人の視線を集める首のシワもないことに。

手の平全体に美容液を取り、フェイスラインのたるんでいる部分を手の中におさめます（1）。美容液をなじませながら、フェイスラインのたるみを首の下に流し（2）、フェイスラインの端から端まで流していきます（3）。顔を上げて首のシワを伸ばした状態で行うのがポイントです。

P46〜の肌アイロンを美容液で行ったあと、乳液をつけるときも同じように、P46〜53までを行います。

HOW-TO

PROCESS
(1)

フェイスラインの
たるみ部分を手に納める。

PROCESS
(2)

フェイスラインから首の下に流す。

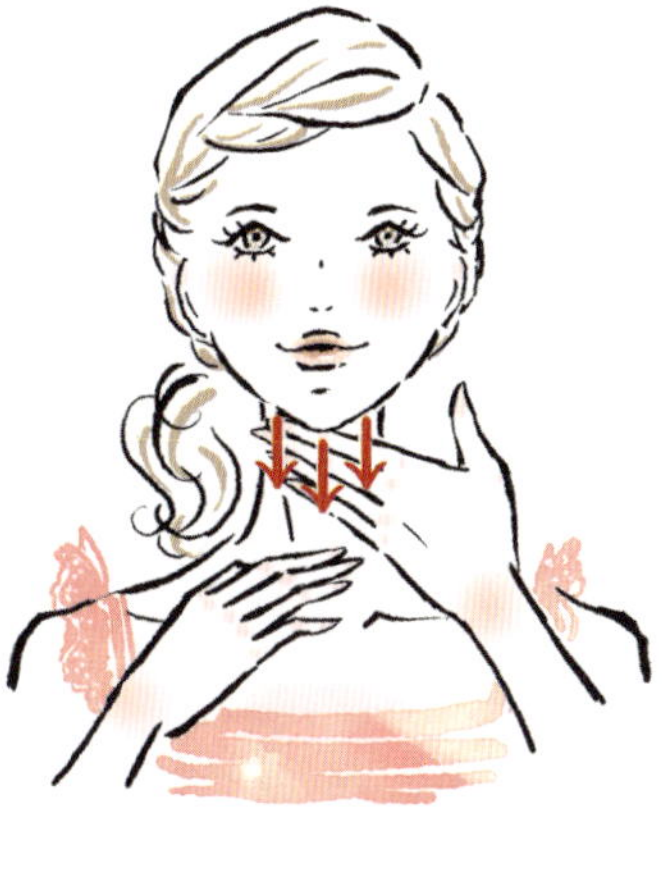

PROCESS
(3)

フェイスラインの
端から端まで流していく。

TIPS
20

クリームはハンドプレスでスタンプづけ。ここでも肌をこすらない

美容液、乳液で肌アイロンをしたら、クリームで美容成分をしっかりと閉じ込めます。スキンケアの基本は肌をこすらないこと。クリームをつけるときも、肌をこすらないように、細心の注意を払いましょう。

まずは手の平にクリームを取り、体温で温めます（1）。このひと手間でクリームと肌の親和性が高まり、クリームの美容成分をしっかりと肌に届けることができます。手の平で顔全体を包み込むようにして、肌にクリームをなじませます（2）。こすらずに、ゆっくり、じっくり、スタンプをおすように。

HOW-TO

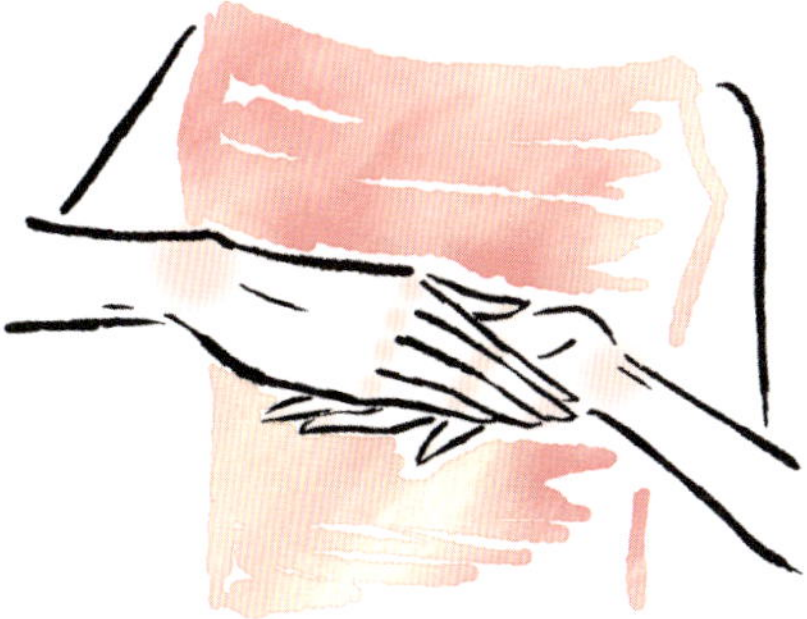

PROCESS
(1)
クリームを手の平で温める。

PROCESS
(2)
こすらずに、スタンプを
おすようになじませる。

TIPS
21

頭皮マッサージで仕上げ。ここまでが「スキンケア」です

スキンケアの最後は頭皮マッサージ。朝にここまで？　と思うかもしれませんが、この頭皮マッサージをすることで、スキンケアの効果を高め、顔全体のたるみを引き上げて小顔に整えることができます。

親指以外の４本を使い、４本の指を開いた状態で指の腹を耳のすぐ上の生えギワに置きます（１）。頭のサイドの生えギワから頭頂部に向かって、指を徐々にずらしながらプッシュしていきます（２）。頭頂部までできたら、内側におしながら後頭部を通って首の付け根まで指圧します（３）。少しずつ指の位置をずらしながら、痛気持ちいいくらいの強さで指圧します。

HOW-TO

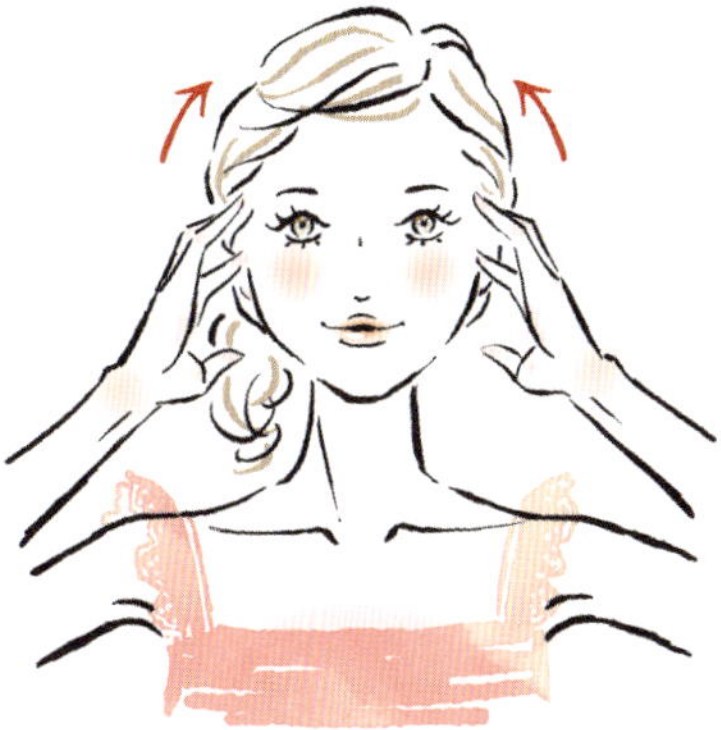

PROCESS
(1)

親指以外の指を開いた状態で、
指の腹を耳のすぐ上の生えギワに置く。

PROCESS
(2)

サイドの生えギワから
頭頂部へ、徐々に
ずらしながら指圧。

PROCESS
(3)

頭頂部にきたら、
内側におしながら
後頭部を通り、
首の付け根まで指圧。

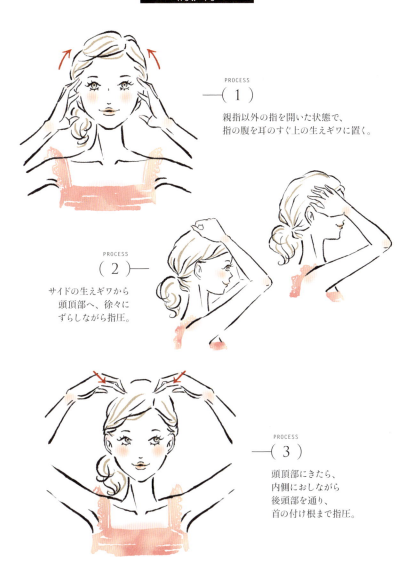

TIPS 22

朝時間がないときは、ドライヤーの出番。血行をよくしてむくみもスッキリ

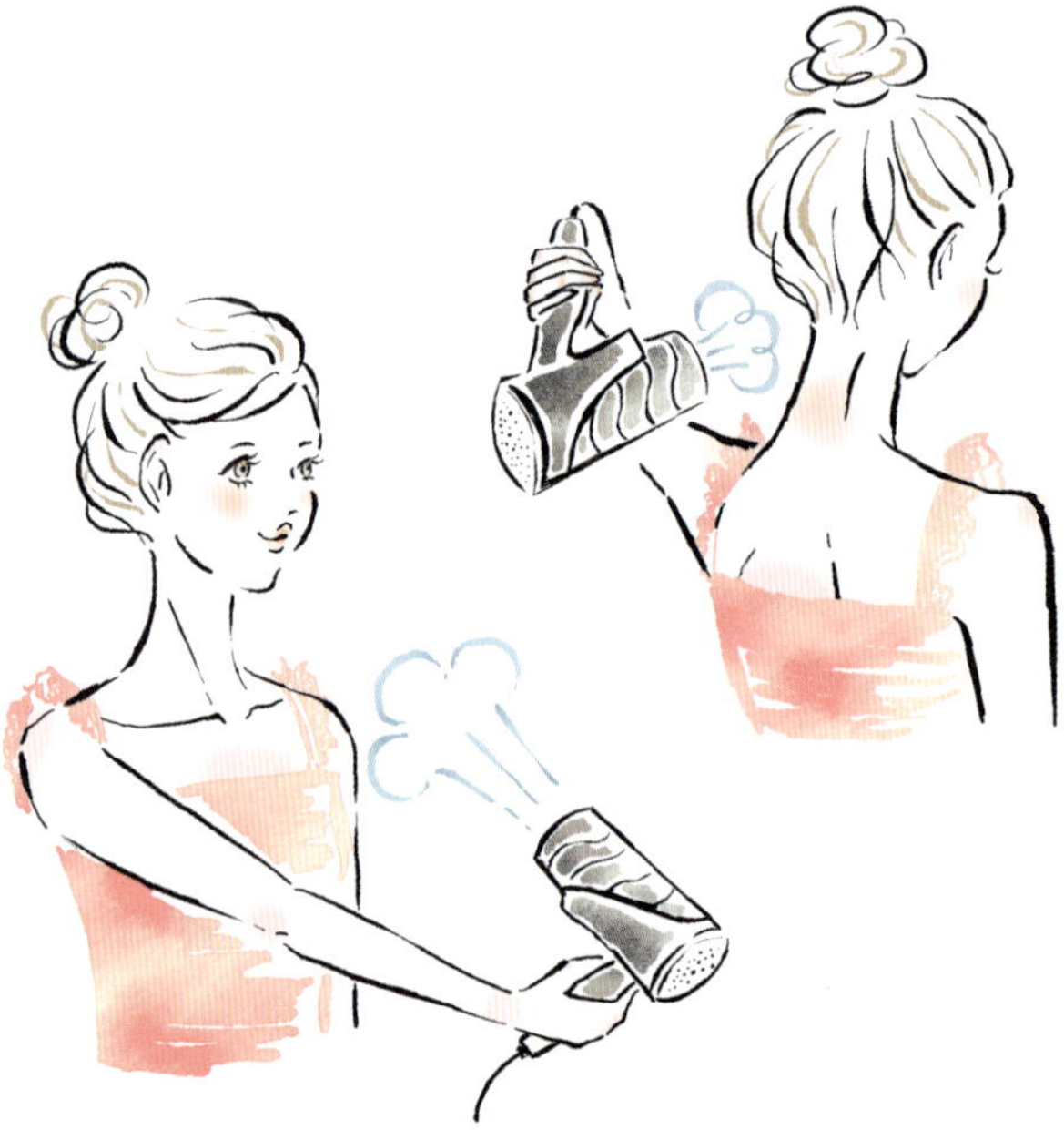

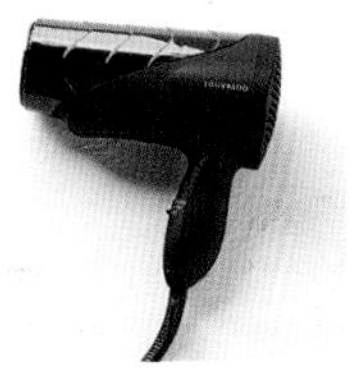

人体に優しい波長、育成光線と抗酸化効果が期待できるマイナス電子で、髪を乾かすだけでなく、美顔器としても活躍。このドライヤーなら顔に5㎝くらいまで近づけてもOK。
復元ドライヤー ¥15,700(ルーヴルドー)

〝キレイのための儀式〟として私が必ず行っている、朝20分のスキンケア。習慣化するまでちょっと逃げ道が欲しい(笑)、という方もいらっしゃるかもしれません。寝坊してしまって、今日は20分かけられない、という日もあるでしょう。

そんなときの裏技。ドライヤーで首の裏側や顔を温めましょう。温かい風を当てることで血行が促され、リンパの流れもよくなるので、スキンケアのなじみがよくなります。風の当て方は、首の裏側と顔に下から上へ、温かい風を送ること。顔に当てるときは30㎝以上離し、弱風量で。3分くらいかけると、顔のむくみもくすみもスッキリします。

ただしこれはあくまでも困ったときのお助けテク。ガチガチにルールでしばりつけると、スキンケアが楽しくなくなってしまうので、ときには裏技で乗りきってもいいけれど、ゆるぎのない美しさを作り上げるのは、日々の「朝の20分スキンケア」にあることを忘れないでください。

TIPS
23

夜のスキンケアは、排出と保湿ケアで充分

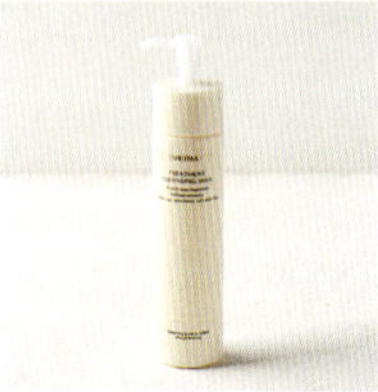

素早く肌になじんでスッキリ落とし、潤ってもちもちの肌に。
トリートメント クレンジング ミルク 200g ¥3,000(カバーマーク)

オフしたあとの肌に、もっちりとしたハリが。
AQミリオリティ リペア クレンジングクリーム150g ¥10,000(コスメデコルテ)

もっちりふわふわな泡の弾力だけでメイクを落とす。W洗顔不要。
パーフェクショネール クレンジングフォーム 150ml ¥4,280(リッシュ)

私は夜、クレンジングだけをして何もつけないこともあります。それは夜のスキンケアで大切なのは排出させることだから。夜は汗やほこり、汚れなど、肌表面や毛穴に残っているものを取り去るケアさえきちんとしていれば、肌の調子を崩すことはありません。これも朝の20分スキンケアで、しっかり保湿やエイジングケアをしているからこそ。基本的に夜のケアはクレンジングと化粧水、美容液、クリーム、アイクリームを、スタンプづけするだけ。

ただし、クレンジングには少し時間と気をつかいます。クレンジング剤を顔全体に優しく伸ばし、P38〜39の洗顔の要領で、肌をこすらないようにクレンジング剤をなじませたら、肌をこすらないようにぬるま湯を顔に当てるようにしてすすぎます。

最近はマスカラやアイラインなど、お湯でオフできるコスメがたくさん出ていますし、クレンジング剤も進化して、落ちにくいアイメイク以外はアイメイクアップリムーバーを利用しなくてもオフできるものがたくさん揃っています。こういったアイテムを賢く使えば、肌をこすることなくクレンジングできます。

CHAPTER

III

BASE MAKE

35歳からのベースメイク

by KAORI NAGAI

PROFILE

ヘア&メイクアップアーティストとして雑誌、広告、映像などの幅広いジャンルで活動。モデルや女優のヘアメイクを手がける一方、全国でメイクレッスンも行っており、分かりやすく理論的なメイクメソッドに定評がある。著書『必要なのはコスメではなくテクニック』『美しくなる判断がどんな時もできる』（ダイヤモンド社）が大ヒット。

TIPS
24
|
39

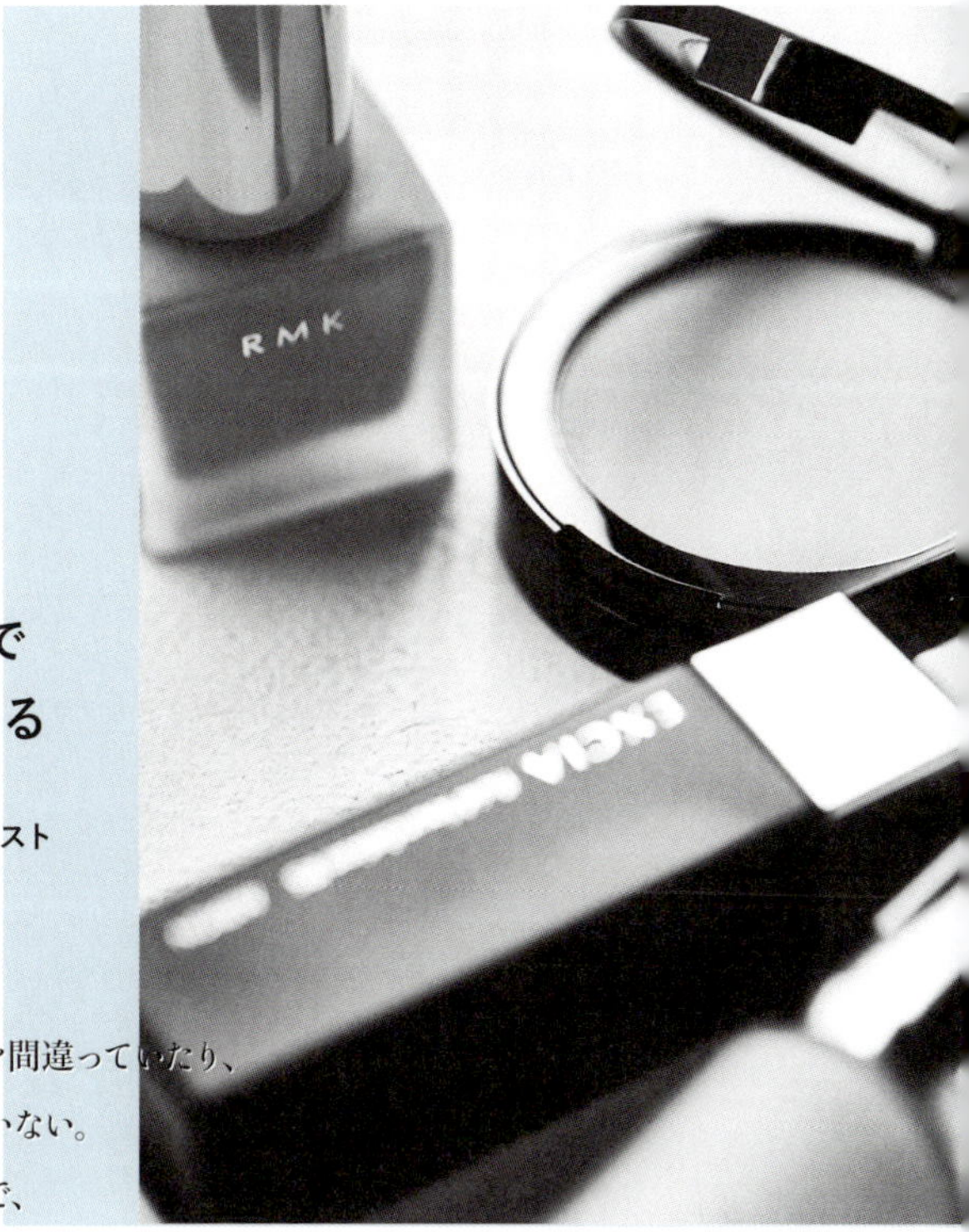

ちょっとしたテクで
肌は驚くほど変わる

ヘア & メイクアップアーティスト
長井かおり

せっかくのコスメも使い方を間違っていたり、
適当に使っていてはもったいない。
ちょっとした使い方の違いで、
コスメが持つ力はグッと引き出すことができます。
逆に間違った使い方をすると、
ベースメイクを台なしにしてしまうことも。

肌質にも変化が現れ始める35歳だからこそ、
ベースメイクをぜひ見直しましょう。
まずは、今のベースメイクにおいて過分なこと、
足りないことを、しっかり見極めて。
そのうえで、少しばかりのテクを身につければ、
仕上がりは驚くほど変わりますよ。

TIPS 24

ファンデーションを薄く均一につけていたら、もったいない！

ファンデーションは、薄く均一に肌の上にヴェールをかけるもの。そう思っていませんか。モデルのようにハッキリとした顔立ちなら、均一に塗るだけでいいのですが、「フェイスラインを削りたい」、「鼻筋をスッと見せたい」など、顔立ちを思うように操りたいと思っているなら、〝ファンデーションの厚み操作〟をしましょう。

そのためには、〝盛る〟部分と〝引く〟部分を作ります。〝盛る〟部分は、目の下から頬骨を通ってこめかみまでの〝美肌ゾーン〟。ここにたっぷりとファンデーションをのせます。その他は〝引く〟部分。美肌ゾーンに塗って、スポンジに余ったファンデーションだけで仕上げます（P76～77参照）。

シェーディングでフェイスラインを削って、ハイライトで鼻筋を立たせるのは、プロ並みのテクニックを持っている人でないと難しいけれど、〝ファンデーションの厚み操作〟なら、誰でも簡単に顔立ちをコントロールできます。

TIPS
25

肌の変化を認めて
カバーすることも必要。
でも目指すのは、艶のある肌

30代前半までのベースメイクは、キレイな素肌を見せつけるためのものだったかもしれません。けれど35歳からは、「すっぴんでは出られないからメイクする」に変わってきますよね。でもそれでいいと思うんです。素肌の変化を認めて、気になる部分を隠すことに頑張ってもいい。ただ、目に見える全ての気になる部分をカバーしようと必死になるのはやめましょう。だって、他人はあなたが鏡を見るときほど近くで、あなたの肌をじーっと見ていないから。顔全体が鏡に映るくらいの距離で見てキレイなら、他人から見てもキレイに見えるものです。

そして〝美肌ゾーン〟（P64〜65参照）さえキレイにカバーされていれば、肌全体がキレイに見えます。なぜなら、他人が人の肌をキレイかそうでないかを判断するのは、この美肌ゾーンを見ているからです。さらに艶があれば無敵！　肌の艶は清潔感を感じさせることができ、ハリのある肌に見せるので若々しさも感じられるから。艶の効果で多少のシワやシミは目立たなくなります。

TIPS
26

下地も、顔全体に塗る必要はありません

ファンデーションは〝美肌ゾーン〟のみ、とお話ししてきましたが、下地もまた、顔全体に塗る必要はありません。そもそも下地を使うのは、〝肌色を補整するため〟と〝メイク崩れを防ぐため〟。

大人にとって肌色の補整が必要なのは、くすみやすい目のまわりだけです。他の部分もとことん補整してしまうと、とたんに不自然な印象に。

また、メイクが崩れやすいのも、小鼻、小鼻のワキ、Tゾーン、あご先だけ。ここに下地が塗られていればファンデーションとの密着度が高まり、崩れにくくすることができます。

下地でUVケアを考えている人もいるかもしれませんが、下地を部分使いすることを考えると、UVケアはスキンケアで済ませるようにしましょう。

TIPS
27

目のまわりはピンク下地で
くすみを払い、
清潔感を漂わせて

皮膚が薄く、くすみが目立ってしまう目のまわりは、ピンク系の下地で肌色補整します。くすみを払うだけでパッと明るい印象に。すると清潔感も漂います。目のまわりにトラブルがあると疲れて見え、老けて見える原因にもなりますが、下地をつけておけば夕方になって疲れ顔になってしまう心配もありません。朝メイクするときに、くすんでいないと感じても、疲れによるくすみを予防する意味でも、下地を必ずつけましょう。

塗り方はとっても簡単。指の腹に少量の下地を取って、目のまわりを囲むように置き、指の腹でサッと伸ばすだけ。ファンデーションやアイメイクに影響がでないように、薄く均一に伸ばしていきましょう。

ソフトフォーカス効果で、肌に明るさと輝きをプラス。保湿効果も。
ラディアント　コントロールカラー 01 30g ¥4,000（クラランス）

ローズの色効果でくすみをカバー。
トップ シークレット CC クリーム SPF35・PA＋＋＋ No.1 40ml ¥6,500（イヴ・サンローラン・ボーテ）

明るく優しい印象を作り、ハリ感も演出。
パンプリフティング ベース R SPF25・PA＋＋ PK100 30ml ¥5,000（エレガンス コスメティックス）

TIPS 28

毛穴用下地で、崩れやテカリを防いで

皮脂を吸着してサラッと感を1日中キープ。
エスプリークTゾーンくずれ防止ベース 15g ¥1,500〈編集部調べ〉（コーセー）

サラッとした感触で肌になじみ、毛穴や小ジワをなかったことに。
エアリフトスムージングワンド ¥3,800（THREE）

毛穴やシワを一掃できる部分用下地。
イレーサーアディクション 8g ¥3,500（ADDICTION BEAUTY）

毛穴が密集している小鼻、小鼻のワキ、Tゾーン、あご先は、皮脂と汗が出やすい部分。ここには毛穴に入り込んで肌をサラサラに整えてくれる、毛穴用下地を使って、テカったりファンデーションが崩れたりするのを防ぎます。テカリが気になる部分には少し多めに。特にテカリが気にならない場合は、塗らなくてOKです。

指の腹で気になる部分にのせたら、あらゆる方向から毛穴にすり込んでいきます。塗りたい部分の肌を少し伸ばしたりして、指の腹で円を描くようにしてすり込みます。一番柔らかい薬指の腹を使うと、肌に負担をかけずにすり込むことができますよ。

TIPS 29

ファンデーションはリキッドを。自分肌より少し暗め、が自然

目指すベースメイクは、艶があってメリハリのある顔立ちに仕上げること。そのためにはリキッドファンデーションかクリームファンデーションがオススメです。クリーミィなもの、目をつぶって触ったら、乳液か美容液と間違えるような感触で、とろみのあるものがいいですね。この条件を満たしていれば、BBクリームやCCクリームでもOKです。パウダリーファンデーションは厚み操作がしにくいのでお直し用にしましょう。2層式タイプや薄づきのオイルファンデーションも、同様に厚みの操作がしにくいので均一に薄く仕上げたいときに使いましょう。

色選びでは、「自分の肌色より少し暗めを

1. 薄づきなのにカバー力もあり。透明感の溢れる肌に。
RMK リクイドファンデーション全9色 30ml ¥4,500(RMK Division)

2. 重ね塗りしても厚ぼったくならず、美肌ゾーンの"盛り"に◎。
プレイリスト スキンエンハンシングリキッドファンデーション SPF15・PA＋＋ 全6色 30ml ¥4,500(資生堂インターナショナル)

3. カバー力と透明感が高く、肉眼でもカメラレンズでも美肌を実現。
マイファンスィー アクアファンデーション SPF25・PA＋＋ 全7色 30ml ¥4,600(Koh Gen Do 江原道)

4. ローズ水を贅沢に配合。内側から溢れたような艶肌に。
エクシア AL フリュイド ファンデーション RS SPF25・PA＋＋ 全6色 30ml ¥12,000(アルビオン)
※2018年4月5日発売

選ぶ」を胸に刻んで。明るめのファンデーションはただでさえ白浮きしやすいのに、このあとに重ねるフェイスパウダーが光を反射して肌を白く見せるため、より一層白浮きして不自然な仕上がりになってしまいます。

ファンデーションは少し暗めで自然に、フェイスパウダーで明るさを出すのがナチュラルに美しくベースメイクを仕上げるコツです。

TIPS
30

“美肌ゾーン”に猛烈にファンデーションを盛る

丸底で美肌ゾーンを、先端は小鼻や目もとなど細かい部分を。
３Ｄメイクスポンジ ¥550（ドクターシーラボ）

23㎜の厚みがあり、ムラなくキレイにファンデーションがなじむ。
バリュースポンジダイヤ６Ｐ　¥380（ロージーローザ）

いよいよファンデーションの塗り方ですが、〝美肌ゾーン〟に大丈夫かな？と思うくらいたっぷりと盛るのがポイントです。盛りが足りないと、〝厚み操作〟がうまくいかなくなり、他人の視線が集まる〝美肌ゾーン〟を、キレイにカバーできません。

たっぷりと盛ったら、スポンジでポンポンとスタンプをおすようにしていきます。このとき、スポンジにファンデーションが吸われてしまってＯＫ。吸わせたものからジュワッとファンデーションを出したり、また吸わせたりとコントロールすることで、〝美肌ゾーン〟をキレイにカバーすることができます。

〝美肌ゾーン〟にスタンプづけできたら、スポンジに残ったファンデーションで額やあごなどをサッと塗るだけ。頰骨の上にたっぷりと塗られたファンデーションの効果で、頰骨が前に出ているように見え、塗られていない頰骨の下がくぼんで見えるため、自然な立体感を際立たせることができます。

TIPS
31

騙されたと思って、
コンシーラーで
隠すのを止めてみて

シミやソバカス、ニキビ跡などが気になって、コンシーラーでカバーしないと気が済まない方も多いようですが、これまでの下地とファンデーションのつけ方をすると、すでにトラブルはあまり気にならなくなっているはずです。騙されたと思って、ノーコンシーラーで出かけてみてください。オフィスのトイレの鏡などで見てみると、意外とカバーできていてナチュラルな美肌に見えるはずです。

コンシーラーは自然になじませようと叩き込むとファンデーションまではがれてしまったり、カバーしようと思うと分厚くなってしまったり……、使いこなすのが難しいですよね。でも、〝美肌ゾーン〟をファンデーションで盛れば、コンシーラーを使わなくても、シミやソバカス、くすみやクマはカバーできます。思いきって、コンシーラーを使うのを止めてみてください。

TIPS 32

どうしても隠したいときのために知っておくと便利なコンシーラーテク

なめらかに伸びてヨレにくく、長時間キレイなカバー効果を発揮。24h cosme ミネラルUVコンシーラー 1.4g ¥3,400(ナチュラピュリファイ研究所)

ピタッと感の高いペースト状で、クマもシミもニキビ跡もカバー。プレミアムパーフェクトクリアコンシーラー SPF25・PA＋＋＋ 4g ¥2,300(エテュセ)

気になる部分をカバーしながら、マットにならず艶まで演出。シームレスコンシーリングコンパクトSPF36・PA＋＋＋ ¥4,000(ルナソル)

「コンシーラーは使わないで」と前のページでお話ししましたが、寝不足続きでクマができてたり、突然ふきで物ができたりと、コンシーラーを使いたくなる場面もありますよね。そんなときのために、適材適所のコンシーラー使いテクを覚えておきましょう。

目の下のクマが気になるときは、リキッドタイプなどの柔らかいものを。目の下に軽く伸ばして、ファンデーションを伸ばしたスポンジで、トントンと軽く叩いていきます。スポンジに残ったファンデーションをジュワッと出しながらなじませていくような感じで。指で叩き込むと、せっかく美肌ゾーンにのせたファンデーションがヨレたりはがれたりするのでご注意を！

シミやニキビ跡、ホクロなどを隠す場合は、固形の硬いタイプを。綿棒の先をつぶして平らにし、そこにコンシーラーを垂直におし当てます。隠したい部分に綿棒を垂直に当て、トントンとなじませていくと、ファンデーションがはがれません。さらにファンデーションを塗ったスポンジでフタをするように優しくおさえて。

TIPS 33

パウダーとクリーム、チークのW使いで自然な血色を作る

ファンデーションで艶と顔立ちを作り出すことはできますが、頬にある自然な赤み、血色はどうしても消されてしまいます。そこでチークで血色を与え、ヘルシーな肌色を作ります。

オススメしたいのは、パウダーとクリーム、2種類のチークを使うこと。パウダーだけでは落ちやすくなってしまうからです。夕方になると「のっぺりとした顔になる」「お疲れ顔になってしまう」というのは、チークが落ちてしまっているからでは？　クリームチークを塗った上にパウダーチークを重ねると、密着度が高まり、パウダーチークが落ちにくくなります。

カラーは、日本人に似合う、アプリコットかサーモンピンクを。上品で生き生きとした表情が作れます。

パウダー

1.肌の艶やかな質感を透けて見せる。ナチュラルなオレンジ。
カラーリングシアーチークス08 ¥2,500(ルナソル)

2.透明性にこだわったパウダーで、クリアに発色。優しいピーチ。
パウダー ブラッシュ04 ¥3,000(ポール & ジョー ボーテ)

3.しっとりさらさらの感触。好感度の高いオレンジコーラル。
キャンメイク パウダーチークスPW34 ¥550(井田ラボラトリーズ)

クリーム

1.透明感のある発色で、ナチュラルな血色をプラス。華やかコーラル。
ポット ルージュ 02 ¥4,000(ボビイ ブラウン)

2.美容液バームに、ミネラルで色づけ。フレッシュな印象のコーラル。
ミネラルクリーミーチーク07 ¥3,300(MiMC)

3.クリーミィな質感で肌になじむ。生き生きとしたコーラルピンク。
ボンミーン スティックフェイスカラー コーラルグロウ ¥3,600(ローラ メルシエ ジャパン)

TIPS
34

好感度が高いのは、
アンパンマンチーク

チークを入れる位置は、小鼻の横で黒目の下の、顔を正面から見てよく見える位置です。アンパンマンの赤い頬のあたり、というと分かりやすいでしょうか。ここにチークが入っていると、好感度が高くなります。

まずはクリームチークを手の甲に取り、ファンデーションを伸ばしたスポンジの、ファンデーションがついている面でチークを取ります。そのままチークを入れる位置にポンポンとなじませます。クリームチークを使うのは難しいと思っている人でも、この方法なら簡単です。鏡を正面に持って、左右の頬に交互に少しずつのせると、左右対称に入れることができます。

パウダーチークは、メイクアップの最後に。大きなブラシを使って、クリームチークと同じ位置にふんわりのせます。アンパンマンのように丸く入れることで、優しそうで、幸せそうな雰囲気に仕上がります。

TIPS
35

ベースメイクを
生かすも殺すも、
フェイスパウダー次第！

ベースメイクの仕上げは、1日中美しい仕上がりをキープするためのフェイスパウダー。パウダーをのせて、ファンデーションをピタッとフィットさせましょう。

ところで、ファンデーション選びにはこだわるけれど、上に重ねるフェイスパウダーはなんでもいい、そう思っていませんか？　じつはベースメイクの完成度を決めるのは、フェイスパウダーなのです！　マットなフェイスパウダーをパフでたっぷり重ねてしまえば、せっかくリキッドファンデーションで作った艶が失われてしまうし、ギラギラと輝き過ぎるフェイスパウダーでは、不自然な仕上がりに。だからパウダーの目利きはとっても重要。世界中のパウダーを集めて、指の腹でパウダーをすりつぶして、粉体チェックをしたいくらい（笑）。

パウダーは大きく分けて2種類。私は「塩パウダー」と「砂糖パウダー」と呼んでいます。「塩」は、粒子が細かく触るとサラサラしていて、見た目は白いのですが肌にのせると無色透明になるルーセントタイプ。「砂糖」は、粒子が「塩」よりも粗く肌色がついていて、触るとしっとりしているミネラルパウダー。

下地同様、2つを使い分けることで、落ちにくく自然な仕上がりになります。

Recommend items

ベースメイクの“格上げ”アイテム

ファンデーションの美肌力を引き出すパウダーとブラシ。

砂糖パウダー
SUGAR

液体であるリキッドや
クリームファンデーションの艶を、
まるで肌の内側からにじみ出たような、自然な
艶に仕上げる「砂糖パウダー」。
肌に潤いを与えてより艶を引き出す、
ミネラルパウダーを選んで。

1.斜めカットが肌にピッタリとフィット。顔立ちに自然な立体感を出す。
プレシジョン フェイスブラシ ¥3,500(ベアミネラル)
2.ブラシは毛足が短く垂直カット。粉含みもよく力を加減しやすいので、テクいらず。
フラットトップブラシ ¥2,000(エトヴォス)
3.毛量のあるブラシで、パウダーを重ねづけしても均一にのせられる。
オンリーミネラル プレストファンデーションブラシ ¥3,800(ヤーマン)

1.天然ミネラルにオーガニック植物エキスとオイルを配合。肌に優しく艶を出す。
ミネラルファンデーション01 8g 全3色 ¥3,600(ニールズヤード レメディーズ)
2.ミネラル成分が光を拡散し、艶やかで明るい肌に。
ディアミネラルファンデーションSPF25・PA++ 5.5g 全5色 ¥3,000(エトヴォス)
3.光拡散成分で肌の欠点を視覚的にカバーする、高機能パウダー。
オンリーミネラル ファンデーション 7g ¥3,800(ヤーマン)

塩パウダー
SALT

皮脂が出やすい部分にのせ、
ファンデーションの崩れを防ぐ「塩パウダー」。
選び方のポイントは、とにかく粒子が細かいこと。
皮脂が出る部分は毛穴も
気になる部分なので、
毛穴カバー効果があればなおよし。

1. パール無配合でエアリー。毛穴をぼかすソフトフォーカス効果も。
ナチュラル カバーリング ルース パウダー 17g ￥6,000(SUQQU)
2. とってもキメ細かな粒子のパウダー。肌のアラをなかったことにしてくれる。
AQ MW フェイスパウダー 12 20g ￥5,000(コスメデコルテ)
3. コーティングされた粒子が磁石のように肌に密着。驚くような軽さで、すべすべ肌に仕上げる。
ザ・パウダー 8g ￥10,000(ドゥ・ラ・メール)

中間パウダー
MIX

最近増えてきたのが、砂糖と塩の
イイトコドリをした「中間パウダー」。
このタイプなら、顔全体に使うことができます。
メイク直し用には特にオススメです。

1. 超微粒子パウダーでふんわりとした肌に。シルクのような感触も気持ちいい。
カラーステイ プレスト パウダー N 880 8.4g ￥1,800(レブロン)
2. 微細なパウダーがくすみも毛穴もサラッとカバー。
UVイデア デイリープロテクションパウダー SPF30・PA+++ 9.5g ￥3,400(ラ ロッシュ ポゼ)
3. パウダー!? リキッド!? と思うほどなめらか。キメ細かで艶やかな肌に。
雪肌精 スノー CCパウダー 8g ￥4,200〈編集部調べ〉(コーセー)

TIPS 36

「塩パウダー」で皮脂をおさえ、メイク崩れを防ぐ

メイクが崩れる原因は、ファンデーションを毛穴から出た皮脂が溶かしてしまうから。そこで粒子が細かく、水分・油分を吸い取る「塩パウダー」(ルーセントパウダー)を、皮脂が出やすい部分にのせ、ファンデーションを崩れにくくします。

毛穴用下地を塗った部分と同じ、小鼻、小鼻のワキ、Tゾーン、あご先に、付属のパフできちんとのせていきます。顔全体にしっかりのせてしまうと、顔がつっ張ったり、小ジワが目立ってしまうことがあるので、必ずテカったり崩れやすかったりする部分だけにします。乾燥肌で皮脂が出ない方や、乾燥するシーズンなどはのせなくてOKです。湿気が多く、汗をかきやすい夏にだけのせるなど、肌の状態に合わせて使ってください。

TIPS
37

「砂糖パウダー」をブラシでのせて、内側からにじみ出るような艶肌に

「砂糖パウダー」（ミネラルパウダー）を限りなく薄くのせることで、リキッドやクリームファンデーションの液体の艶をより自然な、内側からにじみ出るような艶に変えてくれます。

のせるのは、「塩パウダー」をのせたところ以外。とにかく薄く、薄くのせることが、自然な艶に仕上がるポイント。そのためにはブラシを使います。

パウダーのフタに「砂糖パウダー」を出し、ブラシをおしつけながら、グリグリとパウダーをかき混ぜるようにして、ブラシに粉をしっかりと含ませます。次にブラシの毛の部分を上にして、柄の先端部分を机の上にトントンと叩きつけます。このひと手間が大切。ブラシの毛の奥までしっかりとパウダーが含まれて、肌の上に薄く均一にのせることができます。また、クルクルとブラシを回しながら、肌を磨くようにすると、「砂糖パウダー」がさらに艶を引き出してくれます。

TIPS
38

夕方のパンダ目に
サヨナラできる、
「目の下の防波堤」
テクニック

夕方になると、目の下にマスカラやアイラインが落ちて黒くなってしまう……。そんな経験のある方も多いはず。目の下が黒くなる理由は、涙袋や目の下のキワの部分に、リキッドファンデーションのウェットさが残っているから。ここにフェイスパウダーが行き届いていないと、ファンデーションが顔を出している部分なので、まばたきをするたびにマスカラやアイラインの色が溶け出してしまうのです。ベースメイクの最後に、この部分にしっかりとパウダーを重ねて防波堤を作り、マスカラやアイラインが落ちるのを防ぎましょう。

ここに重ねるのは、「塩パウダー」でも「砂糖パウダー」でも、アイシャドウのオフホワイトでもOK。ただし、目の下の小ジワが気になる場合は、「塩パウダー」を使わないで。水分や油分を吸収し過ぎて、乾燥を招いてしまうことがあります。

TIPS 39

基本の肌作りをマスターしたら、季節に合わせて、肌の見せ方を替えてみても

自然な艶と立体感のある肌を簡単に完成させる、〝美肌ゾーン〟だけにファンデーションを塗るベースメイクを身につけたら、季節に合わせて肌の見え方を変えて遊んでみませんか。

春夏なら襟もとのあいた服が多くなるし、腕も出ているから、素

肌のスペースが広くなりますよね。そこにファンデーションがしっかり塗られた顔の肌があると不自然。とにかく顔も〝素の肌〟の部分を増やして。美肌ゾーン以外の部分は、スポンジに残ったファンデーションさえもつけず仕上げます。ただし、美肌ゾーンにはいつも以上にたっぷり盛って。塗らない部分が増える分、ここはしっかり盛って、きちんと感をキープしましょう。さらに「塩パウダー」を全体にふんわりのせてテカリや崩れをおさえ、清潔感も出して。

逆に乾燥してカサつきやすい冬は、しっとり艶々な肌に仕上げるために、「砂糖パウダー」を多めにしてもいいし、タートルネックのセーターを着たときは「塩パウダー」を顔全体にのせて、セミマットにし、クールな印象を作っても。

「塩パウダー」と「砂糖パウダー」はお料理の調味料と同じ。今日はちょっと塩を多めにしたり、逆に砂糖を多めにしたり、砂糖と塩を混ぜてみたりと、その日の気分や肌の調子に合わせて調合を楽しんで。

CHAPTER III

POINT MAKE

35歳からのポイントメイク

by

SHINOBU IGARI

TIPS
40
|
55

PROFILE

ビュートリアム所属のヘアメイクアップアーティスト。ファッション誌を中心に、コレクションや広告などでメイクを手がけるほか、化粧品開発を手がけたり、メイク講座で特別講師も務める。コスメブランド、『フーミー』もプロデュース。著書『イガリメイク、しちゃう?』(宝島社)が大ヒット。

年相応のメイクが女性を輝かせる

——ヘアメイクアップアーティスト　イガリシノブ

大人の女性を素敵に見せるのは、「年相応」のメイクです。
無理に隠したり、若作りをするのではなく、
「いま」を生かすメイクをしたほうが、
ずっと輝いて見えますよ。

35歳になると、20代とは肌が変わってきます。
どうしても、くすみがちにもなります。
でも、それをネガティブに捉えるのではなく、
くすみを生かして楽しむのも手。
35歳だからこそ似合うメイクで気分を上げましょう！

TIPS
40

「自分に似合うメイク」なんて、永遠に見つからないもの

「自分に似合うメイクが見つからない」という相談をよく受けます。でも、「自分に似合うメイク」なんて永遠に見つからないのではないでしょうか。似合うか似合わないかなんて、自分では分からないですよね？ 自分が気に入っていても他人に「ヘン」と言われたり、自分はイマイチと思っていても他人から「すごくイイ」と言われたり。

だから、「自分の気分が上がるメイク」をすればいいと思います！ それに、自分に似合うものが見つかってしまうと、安心して冒険しなくなっちゃうでしょ？ それってキケン。だってそのメイクばっかりしてしまい、飽きることになるから。メイクに飽きないで欲しい！ 自分の顔はひとつしかないから色々試して欲しい！ 洋服は毎日変えるのに、メイクは毎日同じ、じゃつまらないですよね。自分の顔に対していくつもアイデアの枝葉を持つために、雑誌などで気分が上がりそうなメイクを見つけたら、まずは完コピしてみて。そこで使われているコスメを全部まるごと買って、同じようにメイク。このとき大切なのは、〝同じようなもの〟じゃなくて、〝同じもの〟を買うこと。たくさんのコスメのなかからメイクアップアーティストさんが選んだのと同じものでないと、再現するのは難しいんです。全部買うのは大変だけれど、まずは目もとだけ、とか口もとだけとかでもチャレンジして自分を成長させましょう。

TIPS
41

35歳からすべきなのは、若作りメイクではなく、「＋2歳メイク」

大人のメイクは、＋2歳くらいに見える〝品〟を感じるメイクに仕上げたほうが、年相応の美しさや品格が表現できて、自然に内面の輝きや可愛らしさが他人に見えてくるのではないでしょうか。

若作りしたメイクをすると、無理している感じがどうしても出てしまうので、逆に自分の年齢をアピールしてしまうと思います。例えば35歳を過ぎて20代風のメイクをすると、必死にカバーしたその若作り感が「私は30代後半」ってバラしてしまう。それに、カバーしようとしたり、「こうしたいのにできない」という気持ちからモチベーションが下がり、「気分を上げるメイク」にならなくなってしまいます。

若作りするよりも、＋2歳に仕上げてそのベールのなかに入ってしまったほうが、他人からは逆に若々しく輝いて見えるはずです。

「＋2歳メイク」の作り方はP104〜123で詳しくお話しします。

TIPS
42

「＋２歳メイク」は、眉と唇の「線」を強調するだけ

イガリ流「＋2歳メイク」は、「線」を強調するのがポイント。しっかり描かれた眉があって唇にリップが塗られているだけで、顔のなかの「線」が強調されて品のある仕上がりになります。パーツが大きい目もとやチークで強調しようとすると難しくなるけれど、眉とリップを強調するようにメイクするだけなら、簡単でしょ？

眉は顔のなかにある「線」なので、しっかり眉を描くことで強調することができます。

リップは顔の平面になじんでいないパーツ。だからチークやアイカラーのように入れる位置が曖昧ではないので、輪郭に合わせて色を塗っていくだけ。それだけで「線」が強調され、顔立ちを引き立ててくれます。

TIPS 43

いまは〝リップの時代〟。赤みリップで＋2歳の品格を作って

いまはリップがメイクの主役の時代ですよね。みんな赤いリップをとても可愛く使いこなしている。アイメイクが主役だったら、テクニックがないとちょっと大変だったけれど、リップの時代は誰もが簡単に可愛くキレイになれるから、ありがたい。リップが主役だと、メイクで簡単に自分をアピールできます！　だってすっぴ

んでも赤いリップをつければそれだけでググッとキレイ度や可愛い度が上がるから。手抜きでもキレイさが引き出されます。

リップのことをルージュとも言いますよね。ルージュって言葉、いい言葉だな、って思います。ルージュってフランス語で赤、っていう意味。つまりリップは赤こそが定番カラー。ベージュリップが主流だったこともあるけれど、ベージュリップがメイクの歴史に出てきたのは1990年代に入ってから。でも赤リップはメイクの歴史が始まってからずっと使われているんです。ファッション的にベージュリップの時代がまたくると思いますが、赤いリップは女性のキレイを引き上げてくれる〝絶対色〟だと思います。

もうひとつ、35歳からにオススメしたいのは茶色リップ。シミやくすみなどの茶色い影が顔にあっても、リップの茶色のほうが目立つので目の錯覚でシミやくすみが目立たなくなります。20代のくすみのない肌よりも、35歳からの大人の肌のほうが、茶色リップは似合うんですよ。

赤リップ
RED

Recommend items

イガリシノブさんがオススメ。35歳からの赤リップ&茶リップ

1. エナメルのように上品な輝きがずっと続く。ブラウンを含むレッド。
エクストラ オーディナリー ルージュ 307 ¥1,800(ロレアル パリ)

2. 素の唇のように見せる2/5発色。トライしやすいレッドローズ。
キッカ メスメリック リップスティック 19 ¥3,800(カネボウ化粧品)

3. 肌の透明感を引き出す、オレンジがかったしっとりレッド。
資生堂 ルージュ ルージュ RD306 ¥3,600(資生堂インターナショナル)

茶リップ
BROWN

1. お洒落な大人顔に仕上げてくれる、赤みよりの深みのあるベージュブラウン。
ミシック ルージュ リュクス 06 ¥3,800(エレガンス コスメティックス)

2. イガリさんプロデュースコスメ。シックでお洒落な洗練されたブラウン。
クルーフーミー リップスティック want ブラウン ¥1,500(クルー)

3. ミルクチョコレートみたいなブラウン。ファースト茶リップならグロスからでも。
ピュア カラー エンヴィ グロス 03 ¥3,300(エスティローダー)

TIPS
44

ボサ眉こそが、
愛される

30代40代って、10代20代のときに細眉ブームだったから、眉毛がない人がけっこういると思いますが、眉がない女性より眉がある女性のほうが断然、男性受けはいい。オフィスに平成生まれが増えてきたとはいえ、やっぱりまだまだ昭和生まれが多数派。昭和の男性が描く美しい女性像には、眉がしっかりある。だから、眉は太めでちょとボサッとしているほうが正解。ボサ眉なら、媚びを感じさせることなくほのかに女性らしさを出すことができます。

他人から見たときに、目の印象を強くするのはアイメイクと思っているかもしれませんが、じつは印象を強くさせるのは眉。アイメイクで目立たせているのは、アイシャドウの色だったりアイラインの形だったりだけ。眉がしっかりあれば、アイホールに色がなくても、印象的な目もとに仕上がるのです。眉で顔の「線」を強調することで、勝手に目の印象は引き上がってしまいます。

それに、しっかりとした眉があると、顔の余白が額の手前で区切られるので、顔の面積をコンパクトに見せることができ、顔形がシャープに見えたり、リフトアップして見えたりします。さらには眉に目がいくことで首のシワまでなかったことにしてくれる、なんていう効果もありますよ。

TIPS 45

ボサ眉はパウダー&眉マスカラで作る

ボサ眉を簡単にキレイに仕上げるには、アイブロウパウダーと眉マスカラが必須。ペンシルだとペタッとした印象になってしまうので、パウダーがオススメ。そして35歳からは必ず使って欲しいのが眉マスカラ。眉毛の毛質が大切だから。髪のボリュームや艶がなくなって老けた印象になってしまうように、眉毛の質感が悪いと老けて見えてしまうのです。髪質より眉毛のテロッとした質感のほうがより老けた印象を与えるかも。しかも年齢を重ねると、どうしても眉の毛質が落ちてしまうので、眉マスカラで眉毛にボリュームと艶を与えてあげて欲しいのです。

アイブロウや眉マスカラを選ぶときは、グレーや茶色は避けて。グレーや茶色は顔色を沈ませる色なので、目もとのシミやくすみを目立たせてしまいます。アイブロウパウダーは、肌よりトーンが落ちたこげ茶色を。眉マスカラはアイブロウパウダーに赤が差し込まれたような色を選ぶと、眉毛に自然なボリュームが出せます。

HOW-TO

PROCESS
(1)

眉毛についているクセをなくすために、眉用のスクリューブラシでコーミング。眉を毛流れに逆らってとかし、毛を立たせたら、毛流れに沿ってとかす。

PROCESS
(2)

太めのブラシにパウダーアイブロウを取り、ジグザグに眉山から眉尻まで描く。細いブラシで一所懸命描いてしまうと、昔っぽい細眉になってしまうので、要注意。

PROCESS
(3)

仕上げは眉マスカラで。眉頭から眉尻へととかしていく。眉毛に毛流れをつけるのではなく、眉毛1本1本の毛のボリューム感を出すようにつけて。

1.アッシュ系の濃淡ブラウン。ブラシでぼかすと、まるで自眉毛のような仕上がりに。
キッカ エンスローリング アイブロウケーキ 03 ¥6,000(カネボウ化粧品)

2.明るめのブラウンで、ふさっとした眉に。拡大鏡と毛抜きつき。
ブロー ナウ オール イン ワン ブロー キット 01 ¥4,800(エスティ ローダー)

3.3色を混ぜてその日の気分で眉メイクが楽しめる。
ブロウクチュール パレット 1¥6,900(イヴ・サンローラン・ボーテ)

1.日本人の眉毛から浮かない、ナチュラルなブラウン。
ミスター・ブロウ・マスカラ 01 ¥3,500(パルファム ジバンシイ)

2.パウダーをチップでのせるタイプ。眉マスカラが苦手な人に。
チップオン アイブロウ ナチュラルブラウン ¥1,200(エテュセ)

3.自眉の黒さをおさえて、ふんわりとした仕上がりに。
インテグレート ニュアンスアイブロー マスカラBR672
¥800〈編集部調べ〉(資生堂)

TIPS
46

自分の素の
まぶたを写真に撮ってみる。
素の色が分かると
アイカラー選びがしやすい

ブラウンと一言でいっても、まぶたの色によって発色が違うので、オレンジっぽく発色したり茶色っぽく発色したり。左の16はほのかに赤みがかったブラウン。右の06は絶妙なチョコレートブラウン。
セルヴォーク ヴォランタリー アイズ(左から16、06) 各¥3,000(セルヴォーク)

誰のまぶたもよく見ると、素の状態だとくすみがあるんです。例えば私の場合、ブラウンのアイシャドウをつけても、オレンジっぽく見える。それは私の素のまぶたにオレンジがあるから。だから私は、まぶたがオレンジベースであることを意識して、アイカラーを選んだり、ベースにオレンジっぽいブラウンをのせてから、使いたい色をのせたりしています。

なので、自分の素のまぶたの色を知るために、一度まぶたの写真を撮ってみることをオススメします。

アイカラーを選ぶときに、気をつけて欲しいことがもうひとつあります。それはパールだけはプチプラではダメ、ということ。やっぱり輝きや質感が違うし、パール粒の丸みが違うので、プチプラだとペタッとしてしまいがち。輝きをプラスしたいのに、目もとに影を作ってしまうことに……。パールのアイカラーだけはお金をかけて。

TIPS 47

アイメイクは、目のキワに必ずヌケを作る

いまは目もとにグラデーションをつける時代ではないので、アイカラーは単色をぼかすだけでもいいと思います。アイメイクのポイントは、目のキワに〝ヌケ〟を作ること。アイカラーを目のキワまで全部のせてしまうと、まぶたが重くなります。ただでさえ年齢を重ねるとまぶたがたるんでくるのに、大人がメイクでまぶたを重く見せてしまうなんて！

目のキワには必ず〝ヌケ〟を作りましょう。アイカラーはアイホールから目のキワに向かってそっとぼかしていくだけに。眼球の丸みに沿ってぼかし、丸みがなくなるくらいのところでストップ。そうやってぼかしていけば、勝手にヌケが作れます。

アイラインは目を大きく見せるためのものではなく、〝形〟を強調するために入れるもの。だからアイラインを入れてもいいけれど、アイカラーとアイラインの間は埋めずにすき間を作って。アイカラーは目のキワからぼかさず、アイホールから目のキワにぼかし、目のキワギリギリまでアイカラーを入れないように。

TIPS
48

マスカラもアイライナーも、ブラックは使わなくていい

上：ダマを作らずボリュームアップ。シックなブラウン。ファシオ グッドカール マスカラ（ボリューム）BR300 ¥1,200（コーセーコスメニエンス）

下：熊野と奈良の職人技が生んだ絶妙な描き心地のアイライナー。赤みをおさえたブラウン。モテライナー リキッド Br ¥1,500（フローフシ）

最近はちょっとくすんだような色の可愛いアイカラーがたくさん。それらを主役にしたくて、マスカレスがマイブーム。マスカラを使うと、アイカラーがマスカラの影に入ってしまうんです。マスカラをつけるとしても、ブラックは使わなくていいんじゃないかな、って思っています。ダークブラウンとグレーがあればいい。アイライナーも同じ。いまはマスカラもアイライナーもアイメイクの主役じゃないから、存在感を出し過ぎなくていいし、目のキワを締め過ぎると目もとの印象が重くなって、老けた印象にもなってしまうから。マスカラとアイライナーは、ダークブラウンとグレーがあればいいと思っています。

ブラックだと重いならネイビーは？　と思うかもしれませんが、ネイビーは肌色によってはくすんで見せてしまうことがあるし、アイカラーのピンクや青を茶色っぽくくすませてしまうので、避けたほうが無難。グレーやブラウンよりちょっと遊びたいときは、肌の色に映えやすいグリーンがオススメです。

TIPS
49

白目は顔にとって最高のハイライト

35歳になったら、「いかに白目をキレイに見せるか」を意識して。にごりのない白目は、顔にとって最高のハイライト！　肌色を明るく見せ、透明感までもたらしてくれます。逆に白目がにごっていると、顔全部がにごってくすんだ、残念な印象になってしまいます。

白目をキレイに見せるポイントは、アイラッシュカーラーでまつ毛の根もとだけしっかり上げること。まつ毛の根もとが上がっていると、白目に影がつかないので、白目がキレイに見えるんです。

疲れ目を放っておくと、白目をにごらせてしまうし、充血した目ではハイライト効果を発揮できないので、目のケアも忘れずに。目薬を使って目を癒してあげて。ポーチに目薬を常備して、目のにごりを感じたらケアすることも、大事なメイク直しテクのひとつです。

TIPS
50

35歳になったら、
まつ毛はビュンと上げない

35歳になったら「メイクでこれだけはしないで欲しいな」と思うことがあります。それはまつ毛をアイラッシュカーラーでビュンと上げてしまうこと。世代的にビュンと上げてしまうかもしれませんが、不自然なカールは目指すべき「＋2歳メイク」の品を損ねてしまいます。P120～121でも話しましたが、白目をキレイに見せるために、まつ毛の根もとだけしっかり上がっていればOKなのです。

アイラッシュカーラーをまつ毛の根もとに当てて、1～2度ギュッと力を入れてカールさせるだけに。目尻のまつ毛がうまくカールできないときは、目尻用のミニアイラッシュカーラーを使ってみて。

TIPS
51

夜メイクは、
女子会なら目もとにパール。
合コンならリップを
ピンクベージュに

オフィスメイクは眉とリップをおさえておけばいいけれど、アフターワークはちょっと気分を変えられるメイクに。

例えば女子会なら、リップは赤リップのままで、目もとにパールを使って思いっきりお洒落感を出してみて。

合コンなら、眉毛をオフィスメイクよりふんわりと描き直して、リップをピンクベージュにチェンジ。

今日は主役を張って頑張ります（笑）な合コンなら、オーバーめにリップを描いたり、ピンクチークをふんわり入れたりして甘さを出すのもいいけれど、今日はワキ役に回ろうかな、ってときはアイラッシュカーラーで根もとをしっかり上げて、白目のハイライト効果を狙う程度に（P120～121参照）。

ワキ役でも影になってはダメだから、ハイライト効果は必須なんです！　ワキ役にまわっているのに声をかけてくれる、チャラくない〝当たり〟な男性に出会えるかも（笑）。

TIPS
52

休日デートは、“落ちにくさ”も忘れずに

彼と至近距離で過ごす休日デート。彼と一緒だと、そう何度もメイク直しはできないから、落ちにくいメイクに仕上げましょう。となるとポイントになるのは、眉とリップ。

眉は落ちにくいパーツだから、P112のようにアイブロウパウダーとアイブロウマス

カラでメイクしておけば大丈夫。

リップは、まずリップペンシルで唇を塗りつぶしてから、リップを塗ります。待ち合わせのカフェでお茶したり、もしかしたら会ってすぐにキスしちゃうこともあるかも(笑)。なので、リップが落ちて最初の顔と違っちゃう、なんてことにならないように、ペンシルでベースを作っておきます。

マスカラレスにしてみる、っていうのも休日デートメイクならでは。マスカラはまつ毛の影を強調してまぶたにも影を作るので、マスカラレスにすることで、影ができなくなります。すると素のまぶたのちょっとくすんだ色が感じられて、ピュアな可愛らしさをアピールできます。

TIPS
53

賞味期限が切れたものは食べないのに、メイクは期限切れを使うの!?

新色が出るたびに毎シーズンメイクものを買い替える必要はないと思うけれど、色や質感には賞味期限があることは知っておいて。例えば、ゆるシルエットがタイトなシルエットへと大幅にファッションが変わったときなどは、メイクも変わるので、コスメブランドから出る色もガラリと変わります。すると昔のコスメではいまのメイクが表現できなくなり、どんなにいま風のテクを使っても古臭いメイクに。せいぜい3年くらいがメイクものの賞味期限。もったいないからと使い続けると、賞味期限切れの顔をいつまでも続けることになるから、潔く断捨離して。賞味期限が切れたものは食べないのに、コスメは期限切れでも使い続けるの!? って感じです。

メイクものを全部使い切るのは意外と難しいから、お友達と分けてみませんか。例えばリップとかクリームチークなら、100円ショップの小分け容器に詰め替えてシェア。可愛いパッケージを持ちたいという気持ちも分かるけれど、賞味期限切れで捨ててしまうより、いいのではないでしょうか。

TIPS
54

メイクものを買うときは、服を買うときと同じように手持ちアイテムとの組み合わせを考える

服を買うときって、このシャツだったらクローゼットにあるあのスカートに合うな、とか手持ちのものとの組み合わせを考えて買いますよね？　一目惚れして組み合わせを考えずに買うこともあると思うし、それも楽しかったりするけれど、基本的には自分のクローゼットにある服とのコーディネートを考えているはず。

メイクものを買うときってどうしても、「この色可愛い！」とか「限定色だから手に入れたい！」とか、単体で判断して買ってしまうけれど、服と同じようにしたらいいのになぁ、と思います。

このオレンジのアイカラーを買ったら、○○の赤リップや△△の茶リップに合うかな？　□□のアプリコットのチークにも合いそう、とコスメを〝チェーン化〟して、「合わせられるものがある」と思ったら購入。そうすると手持ちのメイクものとコーディネートがしやすくなり、メイクの幅がどんどん広がっていくと思います。

TIPS
55

ツールをないがしろにすると、キレイから遠ざかってしまう

上:セーブルの毛がたっぷりと使われていて、まぶたに均一にぼかせる。
アイシャドーブラシ #40 ¥4,400(ナーズ)

下:斬新な幅広カットの眉用ブラシ。ナチュラルな毛流れが思いのまま。
アディクション アイブロウ ブラシ ¥3,500(ADDICTION BEAUTY)

もしかして、アイラッシュカーラーのゴム、買ってから1度も替えていない、ブラシやチップは使い始めてから1度も洗っていない、なんてことはありませんか? 料理に砂糖や醤油などの基本の調味料が必要なように、ツールはメイクをするときの基本。汚れたツールや役割を果たしていないツールのせいで顔を汚してしまうなんて、もったいない!

メイク上手への近道は、ツールにかかっていると断言できます。高いリップやアイカラーを買うより、ブラシなどのツールにこそお金をかけるべき。あとはプチプラコスメでも、優秀ツールがなんとかしてくれます。

PROFILE

「アージェ」所属。2001年からヘアメイクアップアーティストとして活動を開始し、美容・ファッション誌、広告など幅広い分野で活躍中。数多くのタレントのヘアメイクを手がけ、その人の魅力を最大限に引き出すナチュラルメイクに定評がある。著書は、『大人のヌケ感メイク』（宝島社）など。

HAIR

35歳からのヘアケア

by AI INUKI

CHAPTER IV

TIPS 56 | 65

大人の髪に必要なのは、品格

ヘアメイクアップアーティスト
犬木 愛

「最先端の髪型に挑戦したい」「アレンジに凝りたい」
もちろん、その気持ちも
ヘアを楽しむうえでは必要なことです。
しかし、髪がパサパサだったり、
艶がなければ、どんなに凝っても美しく見えません。

35歳は髪の毛が細くなったり、白髪も現われ始める年齢。
だからこそ、「髪」そのものにこだわることが大切なのです。
そのためには、ヘアケアを見直したり、
艶を出すためのテクニックなどもぜひ身につけましょう。
「大人の女性」に必要なのは、品格です。
それは、髪も同じです。

TIPS
56

ひとつ結びは目の位置より下がベストポジション

30代、40代になると、三つ編みや編み込み、ハーフアップなど、作り込んだヘアアレンジが似合わなくなります。そこでオススメなのが、簡単に〝こなれ感〟が出せるひとつ結び。

ポニーテールのように高い位置に結ぶと元気な印象を与えますが、〝若作り〟に見えてしまう危険性も。ですから、目の高さよりも下の位置で髪をまとめるようにしてください。ヘアブラシでピシッとまとめてしまうと就活生のような真面目な印象になってしまうので、デイリーのひとつ結びは手ぐしでまとめて。

手にワックスやバームを薄く伸ばし、ざっくりひとまとめに。トップの毛束を指で数カ所引っ張り出し、ボリュームを出します。そうするとヌケ感が出て、ひとつ結びで陥りがちな「まとめただけのペタッとした印象」から抜け出せます。

毛先をストレートにするとクールなイメージに、カールさせるとフェミニンな雰囲気に。そうやって、同じひとつ結びでも、毛先のブロー次第で、ニュアンスを変えることができます。よりラフなイメージにしたいなら、後れ毛を出しましょう。ただ、髪がパサついていると老けた印象を与えたり、ただのボサボサヘアになってしまうので、しっかり艶髪（P146〜147参照）にしてから、少量を出してください。

TIPS 57

ヘアはトータルファッションで決める

ヘアスタイルは、TPO（時や、場所、シーン）や洋服に合わせて、ルーズにしたり、タイトにまとめたりとイメージを変えましょう。

例えば、ざっくりニットなどのカジュアルな装いの日は、耳まわりの髪の毛をふっくらさせて、ルーズなひとつ結びに。トップをふくらませて、正面から見た際に空気感が出るよう、しっかりと指で毛束を引き出します。多少ボコボコしているぐらいが、ちょうどいいヌケ感を演出してくれます。ただ、スーツを着るようなオフィスシーンで耳まわりがルーズだと、だらしない印象になってしまうので、注意が必要。

ビジネスモードのときは、サイドの髪をしっかりとまとめて耳まわりをスッキリさせたヘアに。タイトにまとめる場合でも、センターパートでまとめたヘアと、8：2くらいのサイドパートでまとめた場合では印象は全く別のものになります。

そうやって、TPOに合わせてニュアンスを変えていくのが、35歳からのヘアアレンジの基本です。

パーティシーンのヘアであっても、一概に「ふわふわで華やかに」というわけにはいきません。

パーティで纏《まと》うドレスは、デイリーファッションよりもデコラティブなものが多い傾向があります。そこに、ヘアまで凝り過ぎたアレンジをしてしまうと、あか抜けない印象になりかねません。

華やかなドレスには、例えばタイトにまとめたウェットヘアがこなれて見えます。逆に、ドレスがモードでスタイリッシュなら、女性らしいふんわりとしたヘアスタイルが似合うでしょう。

自分以外の人は、洋服を含めた全身であなたを見ます。その際、ヘアと洋服のバランスがちぐはぐだと、こなれた印象になりません。ヘアアレンジをする際は、鏡に映った上半身だけに注目するのではなく、洋服やメイクを含めたトータルバランスを考慮して、盛るのか、ルーズにするのか、タイトにするのかを決定してください。

TIPS 58

前髪で印象は変えられる

ぱっと見の印象を左右するのは前髪です。

短くラウンドさせると個性的、ふんわり巻くと可愛い印象、サイドに流すと女性らしく、長く伸ばしてかき上げスタイルにすると色っぽく……そうやって、前髪のアレンジひとつで、ガラリと雰囲気を変えることができます。

髪の毛を切っても気づかれないのに、前髪を上げたり、短くしたりしただけで「いつもと違うね！」と言われたことのある方も多いのでは。

ですから、存在感の大きい前髪こそ、トータルバランスやTPOを考えて、長さや、分け方、アレンジ方法を決定してください。例えば、Tシャツにデニムというボーイッシュなスタイルなら、前髪はくるっと巻いて女らしさをアピールしたり、ちょっとできる女風を演出したいなら、巻かずにタイトめに流したり、と〝なりたい自分〟のイメージに合わせて、前髪で表情を作りましょう。

寝グセで前髪がひどい状態、という方は根もとをきちんと濡らしてから乾かすとキレイに流れます。その際、寝グセ部分だけではなく、前髪全体を濡らしてブローすることが、扱いやすくなる秘訣です。

TIPS 59

中途半端なヘアカラーはアウト

年を重ねると、どうしても顔はくすみがちに。そこに、若いころの自分をひきずって明るいカラーリングの髪のままでいると、余計に顔がくすんで見えます。

そのうえ、加齢により髪にボリュームがなくなり、艶も失われてしまうと、品のない印象を与えてしまうことも。明るい髪色は色落ちも激しく、伸びてしまうとプリン状態も目立ちやすいので、カラーメンテナンスも大変です。

ですから、明るい髪色が好きな方は、〃若かりしころの自分〃とは決別し、思いきってダークカラーに染めてみてはいかがでしょうか。ヘアカラーを暗くすることで、顔のトーンが上がり、明るく見えたり、色白に見えたりします。カラーを決定する際は、肌の色がキレイに見える色をチョイスしてください。また、カラーリングをしたあとに鏡に映った自分の顔がくすんで見えてしまったら、それはヘアカラーが明る過ぎるという証拠。次回カラーリングする際は、1〜2トーン落とすようにしましょう。

染めた直後は「暗過ぎるかも！」と驚くかもしれませんが、染色前の退色した明る過ぎる髪色に目が慣れてしまっているだけですし、自然光よりも、ヘアサロンの照明のほうが暗く見えてしまうものなので、慌てる必要はありません。

加齢にともない白髪問題も浮上します。60代、70代になるとグレイヘアーとして、白髪を楽しむこともできますが、30代、40代で白髪が目立つと疲れた印象を与え、老けて見えます。ですから、白髪は迷わず染めること。白髪染めといっても、通常のヘアカラーのように自然な色みに仕上がりますので、心配はいりません。

一部分ならば、市販のヘアマスカラでカバーするだけでOKです。コーム状になっているので、忙しいお出かけ前でも根もとから髪をとかすだけで、簡単に白髪を隠すことができます。「数本だけ気になる！」という方には、アイマスカラ（お湯で落ちるフィルムタイプ）でも充分代用できますよ。

TIPS
60

大人の女は
潔さがあっていい

コンプレックスをカバーしようとあれこれ作り込むと、逆に老けて見えたり、余裕のない印象を与えたりします。若い女性を見ていると、両サイドの髪を顔に沿わせ、エラを隠して小顔効果を狙う〝触角ヘア〟をしている子が多くいます。ですが、この触角ヘアを大人がやると、無理をしている印象になりかねません。

また、額のシワを隠したいというネガティブな理由で前髪を作る方もいますが、触角ヘア同様、コンプレックスを隠すようなヘアスタイルは、どこか卑屈さがあり、無理をしているように感じます。

大人の女は、もっと潔さがあっていいのです。

コンプレックスは隠すよりも出してしまう。そのほうがずっと素敵に見えます。丸顔を気にするよりも、出して可愛い大人の女性を狙う。額が広過ぎるのが嫌で前髪で隠していたけれど、前髪を上げてみたら明るい印象になった。そんなふうにネガティブ要素を気にせずに、あえて活かすことで、その人の魅力がさらにアップする可能性があります。

長所も短所も、あなたにとってかけがえのない個性。ですから、いつまでも自分のヘアスタイルにネガティブな意味合いを持たせないでくださいね。

TIPS
61

斜め45度の
ドライヤーで髪は変わる

髪の艶は、キューティクルの状態が決め手。キューティクルとは、髪の一番外側の層のことで、うろこ状に重なり合っています。そのキューティクルが整っていると、髪に艶が出てまとまりのある髪に、はがれていると、髪はパサつき切れ毛や枝毛が増える原因に。ですから、キューティクルをいかに整えるかが、美髪を維持するカギになるのです。

キューティクルを整える方法として、一番簡単なのが熱処理を施すこと。熱はキューティクルを傷める一因にもなりますが、上手に使いこなせば髪の艶感をアップさせることができます。「ドライヤーの熱が髪に悪いから自然乾燥をしています」という方がいますが、それは最も避けるべきNG行為です。髪は濡れた状態が一番無防備で傷みやすいので、早く乾かしましょう。

キューティクルを整える乾かし方のコツは、ブラシを使いながら斜め45度上からドライヤーでブローすること。その際、上から下に向かって生えているうろこ状のキューティクルを逆なでしないように、流れに沿って熱を入れていきます。そうすることで、キューティクルがピタッと閉じて、艶感のある髪に仕上がるのです。ドライヤーが難しい場合は、コテやアイロンで表面を整えるように熱を加えましょう。

TIPS
62

頭皮をケアして美髪の土台を整える

若いモデルの方でも、ヘアメイク前に頭皮を触るとカチカチに硬いことがあります。それだけ目を酷使したり、頭を使ったりするシーンが日常に多いのでしょう。

私達はつい顔と頭を別のものと考えてしまいますが、1枚の皮でつながっているので、頭皮も顔の一部。つまり、頭皮の状態が悪いと、顔色も悪くなり、くすんでしまいます。実際、頭皮マッサージで丁寧に頭皮をほぐしたあとでは、肌の色が1トーン明るくなるほどです。

また、頭皮の血行が悪くなると、髪に充分な栄養が行きわたらず、髪がやせ細ったり、抜け毛や薄毛に悩まされるようになります。だから、頭皮のケアで血行を促進し、美髪の土台を整えておきましょう。

頭皮ケアで自宅でもトライできるのが、頭皮マッサージです。頭蓋骨と頭皮をはがすイメージで、優しくマッサージしていきます。

爪は立てずに、指の腹で円を描くように頭皮を動かしてみて。カチカチだった頭皮が次第に弾力を持ち始めます。

デスクワークなどで疲れたときにやってもいいのですが、オススメはシャンプーと同時にマッサージ。シャンプーをする際、「髪だけを洗っておしまい」という方は多くいますが、それではワックスやスプレーなどスタイリング剤が頭皮にこびりついたままです。

ですから、頭皮を指の腹でほぐすようにシャンプーしましょう。頭皮の血行がよくなるだけではなく、毛穴の汚れも洗浄することができ、健康的な髪を育む土壌を作ることができます。お風呂に入る前に、マッサージ用のパドルブラシで頭皮をブラッシングしておけば効果はさらにアップします。

また、頭皮に負担をかけないように、シャンプーや、ワックスを選ぶ際は、オーガニック製品などナチュラルなものを。ヘアケア剤やスタイリング剤を地肌に優しいものにシフトしていくことで、頭皮のトラブルも軽減されるかもしれません。

TIPS
63

自分の髪のクセを知る

「最近使ってよかったシャンプーは？」「スタイリング剤はどこのメーカーがいい？」など、ケア剤やスタイリング剤のオススメを聞かれることがありますが、正直返答に困ってしまいます。

なぜなら、10人いれば、10通りの髪質があるから。

猫っ毛である私は、外国製のオーガニックシャンプーが合うのですが、コシの強い日本人の髪質とはあまり相性がよくない場合が多くあります。つまり、ケア剤やスタイリング剤が合うかどうかは、実際に使ってみなければ分からないということ。

前述しましたが、頭皮は肌の一部。顔に関しては、混合肌や乾燥肌、脂性肌など肌質によってアイテムが細分化されていますし、なりたい肌のイメージに合わせて「どのメーカーのどのラインを使うか」について、みなさん追求しますよね。ですが、髪に関してはまだまだその意識が低いのが現状です。

もしかしたら、トリートメントが必要のない髪かもしれないし、オイルをつけるとベタベタし過ぎてしまう髪質かもしれない。画一的な美容方法を自身の髪に無理やり当てはめることで、かえって扱いづらくなる可能性があります。ですから、まずは自分の髪質と向き合い、タイプやクセを知ること。それが、美髪への第一歩です。

TIPS 64

ボリュームアップには、生えグセを知ること

年を重ねると髪がやせてしまい、ペタンコヘアに悩まされるようになります。朝、ボリュームを出して華やかにセットしたのに、夕方にはしぼんで、貧相に見えてしまう……なんていう声もよく聞きます。

そこでオススメしたいのが、パウダー状のドライシャンプー。海外では一般的なものですが、スプレーするだけで、ヘアを固めずに簡単にボリュームを出すことができます。ただ、毎日髪を洗う習慣のある日本ではあまりなじみのないもの。ですから、手に入りやすいパウダー状のスタイリング剤を使ってみてください。ワックスのようにオイルを含んでいないので、ベタつくことなく長時間ふんわりヘアをキープすることができます。お出かけ先でもパウダーを振りかけて根もとから立ち上がらせるようにもみ込むと、ボリューム感が復活しますよ。

また、ドライヤーの当て方を工夫するだけでもボリュームが出ます。髪が生えている方向に逆らうように髪を流してドライヤーの熱風を当てるのです。その際、根もとから髪が立ち上がるように優しく手ぐしでブローすることがコツ。「時間がない！」という方には、分け目を変えるだけのお手軽ボリュームアップ法を。いつもと反対の分け目にすると、髪の流れが逆になり、自然と髪が立ち上がるようになります。

TIPS
65

大人は流行より、質感

若いころは、ペラペラの素材のものでも、流行を追いかけただけの1シーズン限定のファストファッションを着ていても、それなりに着こなすことができました。かえって、それが10代、20代の特権のようで魅力的に映ることも。

けれども、大人になったいま、そうした服を着こなすのはなかなか難しいというのが、実際のところ。ですから、Tシャツひとつとっても、素材がしっかりしていて、縫製がきちんとしているものを選びたいですよね。毎シーズン買い替えるのではなく、高くても上質なベーシックアイテムをひとつ手に入れる。それが、大人の女性のワードローブの揃え方なのかもしれません。

それは髪も同じ。

いくらヘアスタイルを凝ったものにしたり、最先端の流行ヘアにしたりしても、髪質がパサついていたり、乾燥していて艶がなかったりしては台なし。だから、髪型やヘアアレンジをあれこれ考える前に、髪の質感を大事にして欲しいと思います。

髪質に合ったケア剤を使い、まめにヘアサロンで毛先を整え、手をかける。ケアすることで、髪は必ず美しく蘇ります。それだけで、やみくもに流行を追ったり、アレンジを頑張ったりするよりも、ずっと素敵に見えますよ。

Recommend items

上質髪を作るオススメアイテム

艶髪や扱いやすい髪にして、毎日のスタイリングを楽しく！

自然な艶で使用感抜群！

ハンドバームにも使えるワックス。少量で高いコンディショニング力を発揮する優れもの。
ヘアワックス　57g ¥3,600（ジョンマスターオーガニック）

ボリュームと艶が出るスプレー

スタイリングの仕上げにスプレーするだけで、ナチュラルなボリュームアップがかなう。
ヘアスプレー　236mL ¥3,500（ジョンマスターオーガニック）

自然由来だから全身にも使える

リップやかかと、ひじなどの保湿にも使える万能ワックス。柑橘系の爽やかな香りも◎。
ヘアワックス 42g ¥1,980（ザ・プロダクト）

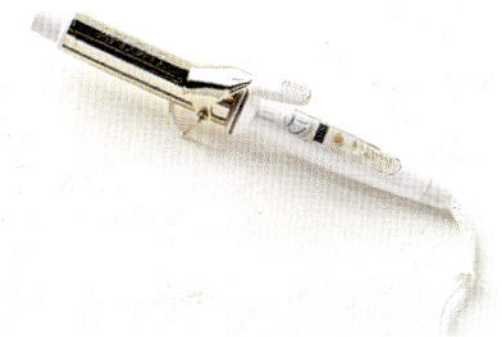

美しいカールが簡単に作れる

サロンのような艶カールが自宅でも再現できる。髪質に合わせて5段階の温度調節機能つき。
アフロート エスペシャルカールII 26mm ¥9,880（クレイツ）

乾かすたびに強く美しい髪へ

「ナノイー」が髪に浸透し、潤いをプラス。仕上がりボリュームを選べるのも嬉しい機能。
Panasonic Beauty PREMIUM ヘアードライヤー EH-XD10　オープン価格（パナソニック）

繊細なニュアンスも思い通りに

毛髪を保湿しながら、自然なセット力を発揮。天然由来100％なので、頭皮についても安心。プロにも愛用者が多い。
エヌドット ナチュラルバーム 45g ¥2,000（ナプラ）

軽いニュアンスヘアも自由自在

根もとから立ち上がり、ボリュームと無造作感を出してくれるパウダータイプのワックス。
オージス ダストイット10g ¥1,500（シュワルツコフ プロフェッショナル）

外出先でも、脱ぺたんこ髪

ベタつく髪にドライシャンプーを振りかければ、余分な皮脂を吸収して、ボリュームが復活！

ドライミー！ 115g ¥1,288（ラッシュジャパン）

最高級の猪毛ブラシで艶髪に

静電気が起こりづらい猪毛は毛髪に優しくなじむ。頭皮のマッサージにも欠かせない1本。
ハンディブリッスル ¥19,000（メイソンピアソン）

CHAPTER V

BODY

35歳からのボディメンテナンス

by

YUKO HISASHI

TIPS 66 | 83

PROFILE

美脚トレーナー。ボディメンテナンスサロン「美・Conscious~カラダ職人~」代表。脚のパーツモデルを経てホリスティック医学の第一人者である帯津良一医師に師事。「足首」ケアをもとに「足からからだを整える」美メソッドを提案し、有名人にもファンが多い。著書は『押したら、やせた。』（宝島社）など多数。

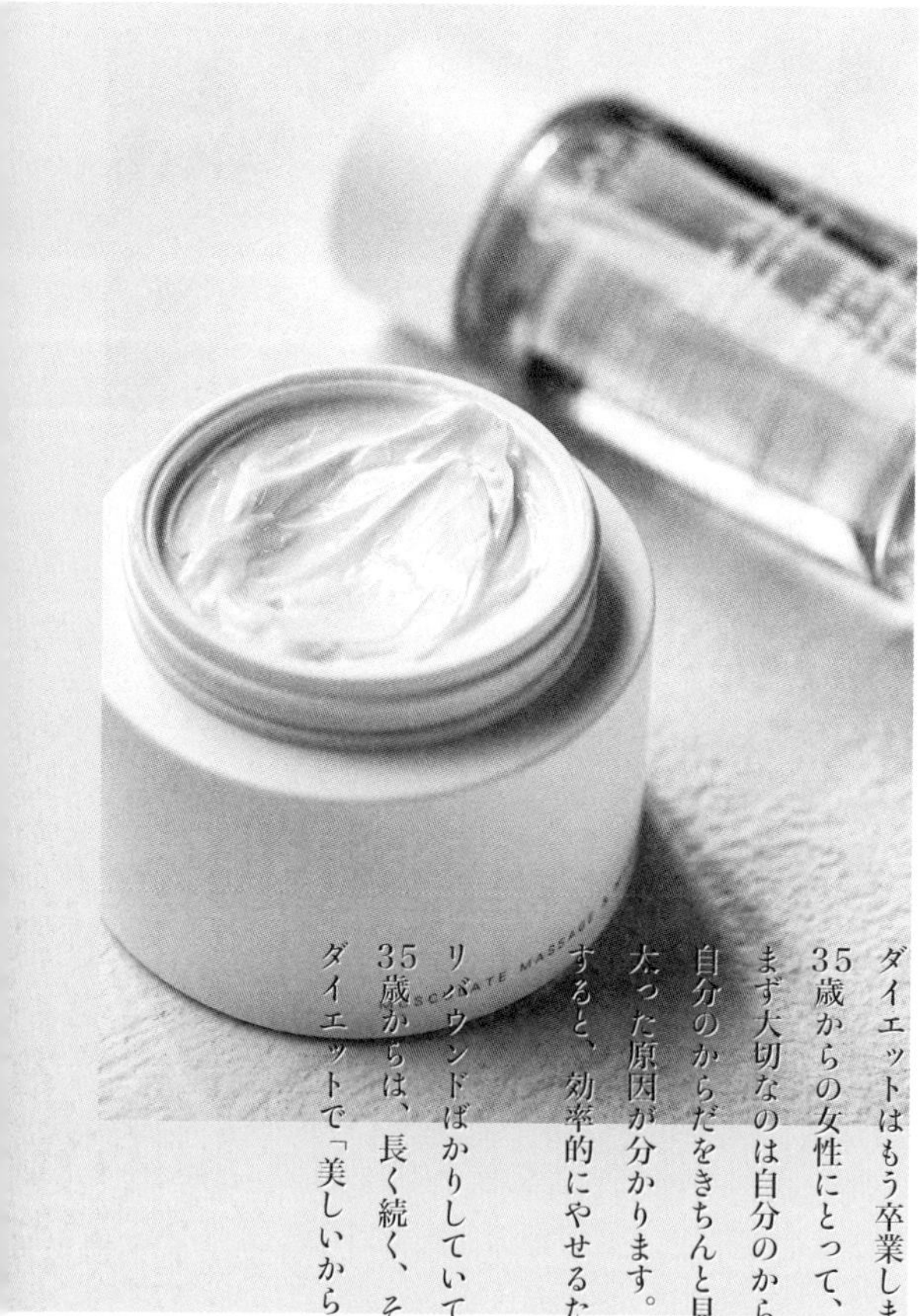

35歳からは土台から整えるダイエットを

——美脚トレーナー 久 優子

体重やカロリー制限ばかりを気にしていた
ダイエットはもう卒業しましょう。
35歳からの女性にとって、
まず大切なのは自分のからだと向き合うことです。
自分のからだをきちんと見つめれば、
太った原因が分かります。
すると、効率的にやせるための道筋も見えてくるのです。
リバウンドばかりしていては、意味がありません。
35歳からは、長く続く、そして、きちんと〝土台〟から整える
ダイエットで「美しいからだ」を目指しましょう。

TIPS 66

着目すべきは、「何kgやせたい」よりも「どんなボディになりたいか」

いざ、ダイエットを始めるとなると、「今月中にマイナス5kg！」などと、「体重」を目標にしている人は多いのではないでしょうか？ズバリ、言います。そのダイエットは、失敗する可能性大です！

実際のところ、35歳を過ぎると女性ホルモンの減少にともない、「体重」を落とすことが難しくなります。それにもかかわらず体重にばかり目を向けていると、数字が変わらないことにモチベーションが下がったり、逆にどうにか落とそうと無理な食事制限をしては、リバウンドして、余計太ってしまうこともありがちです。

私がまずみなさんにお伝えしたいことは、「体重計とにらめっこするのはもうやめましょう」ということです。

だって、よく考えてみてください。みなさんの本当の目的は「減量」ではありませんよね？　仮にいま、減量に励んでいる人であっても、本当に目指すところは、「美しいボディラインになること」では、ありませんか？

それであれば体重計の数字を見つめるよりも、鏡で自分のボディラインをチェックしたほうが、効果的だとは思いませんか？　そして、崩れたボディラインは、「コツ」さえつかめばどんどん改善されていきます。だから体重を落とすよりも、ずっと簡単なのです！

また、35歳を過ぎたあたりの女性からは、「体重は変わっていないのに、お腹が出てきた」とか、「体重は減っても、お尻が垂れたまま」とかいう声もよく聞きます。その言葉からも分かるように、太った印象と体重は比例しませんし、体重が落ちたとしても、ぽっこりお腹やぽってりお尻が改善されなければ意味はありませんよね。

つまり、着目するべきは体重よりも「ボディライン」。「何キロやせたい」よりも、「どんなボディになりたいか」のほうが、ずっと大切なのです。そして、理想のボディをイメージしながら、鏡で自分のボディをチェックしてみてください。すると、「ウエストを引き締めたい」「脚を細くしたい」などと、なりたいイメージに近づくため明確な目標も見えてくるはず。そのうえで、美しいボディラインを作る努力をしていきましょう。

TIPS
67

35歳はからだの曲り角。「意識」をしなければ、体形はどんどん崩れる

35歳を過ぎたあたりから、「やせにくくなった」「お腹が出てきた」、そう感じている人は少なくないでしょう。実際、女性にとって35歳はからだの曲がり角と言われていて、そういった変化が現れやすい節目なのです。その理由のひとつは女性ホルモンです。女性は35歳ごろを境に女性ホルモンが減少してしまうため、脂肪を燃やす「代謝力」が下降。そのため、脂肪がつきやすくなってしまうのです。

代謝力が高かった20代のときは、何をしなくても、それなりに体形が保てていたかもしれません。しかし、35歳からは違います。放っておけば体形は崩れていくばかり。

だから、意識的に代謝を上げるなど、体形を維持する努力が必要なのです。そのためには、まずは自分のからだや生活習慣と向き合い、日常のなかで「やせるクセ」をつけることが大切。例えば、骨盤を立てた正しい姿勢を心がけたり、マッサージやストレッチなどで血流やリンパが滞らないようにしたり、冷えないようにすることも不可欠。そして、なによりも大切なのは自分のからだを鏡で毎日チェックして関心を持つことです。ときどき、「いつの間にか太ってしまった」という嘆きも耳にしますが、自分のからだを毎日チェックしていれば、「いつの間にか」は、起こらないはずですから！

さて、「ちょっとした意識の違いや習慣でやせるの？」「ハードな運動をしないとダメでは？」と思う人もいるかもしれません。しかし、考えてみてください。ジムに通って運動するとなれば、せいぜい週に2回、合計4時間程度でしょうか。その4時間も効果的ですが、それよりも残りの時間が大切だと思いませんか？　逆に言えば、その残りの時間にやせる意識を持たなければ、体形をキープすることはできないのです。

年齢にともなう代謝の下降はからだの構造上、誰もが避けることのできない現実。だから受け止める他ないのですが、その下降をなだらかにできるかどうかは、その人の「意識」次第。その意識を持てるかどうかが、35歳からのダイエットのカギです。

TIPS 68

むくみを取るだけで、誰でもふたまわり細くなる

あなたに太った印象をもたらしている犯人は何だと思いますか？「脂肪」と答える人が大半でしょう。しかし、脂肪よりも厄介な常習犯がいます。それは、「むくみ」です！

例えば、足首に靴下の痕がくっきりついていませんか？　脚の脛を指でおしたら、指痕がついてなかなか消えない。そんなことはありませんか？　当てはまれば、それはもうかなりむくんでいる状態。ある意味分かりやすいのですが、そこまでいかずとも、多くの人がじつはむくんでいます。もし、触って冷たければむくんでいる証拠。足首が冷たい、太ももが冷たい、お腹が冷たい……。どうでしょうか。当てはまる人は、多いのではないでしょうか。

むくみの根本は血流やリンパの滞りです。からだに溜まった老廃物は血流やリンパにのって排出されていくのですが、そのめぐりが悪いと排出のはたらきがスムーズにいかず、むくみを引き起こしてしまいます。そして、血流が悪くなることで、手足の末端はもちろん、筋肉や内臓も冷えていってしまうのです。

からだはそれほど太ってないのに、顔だけ丸い。脚にメリハリがなく、ゾウのように太い。鎖骨が埋もれている……。それらは、脂肪が溜まっているのではなく、「むくんでいるだけ」という可能性も大いにあります。むくみがひどくなると、脚がふたまわりも太く見えることもあります。でも、逆に、そのむくみをしっかり取れば、ふたまわりも細くなるのです。

では、むくみを取るにはどうすればいいのでしょうか。先に説明したように、「むくんでいる＝リンパや血液の流れが悪い」ということ。つまりは、リンパや血液の流れを促せれば改善できるということです。そのためには、マッサージやストレッチはとても効果的。さらに、それらにより、筋肉や関節をゆるめることができると、血液を全身にめぐらせる力がアップし、効果が高まります。

リンパや血流の滞りは、美の大敵。むくみはもちろん、冷えを増長させてやせにくいからだにしてしまったり、たるみをも引き起こしかねません。「触って冷たい部位がある人」は、要注意です。

TIPS
69

水の摂り過ぎが、セルライトを作る

むくみの一因は「冷え」ですが、その冷えを助長してしまう習慣のひとつが、水の摂り過ぎです。「美しいモデルは水をたくさん飲んでいる」「1日2Lの水でやせる」そんな情報が美容法として、駆けめぐったこともありました。だから、「ダイエットのために」と頑張って、水をたくさん飲んでしまっている人は少なくありません。

しかし、水をたくさん飲んでキレイになれるのは、代謝力が高い人だけです。適度な運動も欠かさず、汗として水分がきちんと排出されている人にとっては、多めの量を飲むことが、老廃物を排出する手助けになっているかもしれません。しかし、代謝力が低い人がたくさん飲んだら、水を溜め込んでしまうだけです。その結果、からだは冷え、むくみ、さらには脂肪やセルライトの蓄積まで招いてしまうのです。

先に説明してきたように、35歳を過ぎると代謝力は下降傾向にあります。そして、「やせたい」と思っている人の多くは、むくんでいる人。つまり代謝力が低い人です。だから、水の摂り過ぎは禁物なのです。

水の適量は人それぞれ違うので、「自分は、このくらいなら飲んでもむくまない」という量を見つけることも、大切です。からだに必要な水分を摂りつつも、溜め込まずに済む量を自分のからだと相談しながら、ぜひ探ってみてください。

TIPS 70

一生続けられる「やせルール」を作れば、一生リバウンドしない

「ダイエットを始めても、いつも挫折」「せっかくやせてもリバウンド」そんなことばかり繰り返していませんか？

いくら頑張っても元に戻ってしまっては、努力は水の泡。それどころか、元より太ってしまったら、何もいいことがありません……。しかも、何度もリバウンドを繰り返していると、からだはやせにくく、すぐに脂肪がつきやすくなってしまいます。そして、セルライトも増えてしまうのです。

断言しましょう。「続かないダイエット」に、明るい未来はありません！

では、どうすればいいのでしょうか。それは簡単！「続けられる」ダイエットを

実践すればいいのです。これまで失敗したダイエットはどんなダイエットですか？ハードな筋トレやランニングでしょうか。断食や糖質オフなど、きつい食事制限でしょうか。それが続いたら立派なものですが、なかなか続きませんよね。だから、何もハードなことをする必要はないのです。お風呂でできるマッサージやテレビを観ながらできるケア、苦にならず時間もお金もかからないことであれば、続けることができるのではないでしょうか。そして、その習慣を一生続けることができれば、一生リバウンドをすることもありません。逆にいえば、一生続けられることを習慣化することこそが、理想のからだを維持するためには必要なことなのです。

「ダイエット」というと、ハードなことを短期間で行うイメージを持っている人も多いかもしれません。しかし、一時的なトレーニングでやせたからだは一時的なもの。トレーニングをやめれば、からだは元に戻ってしまいます。

私が考える正しいダイエットとは、手に入れた理想のからだを一生キープすること。だから、ケアも一生継続していくことが必要だと思っています。

特に35歳からのからだはハードなことを課しても、短期間で成果は出にくくなります。だからこそ、一生続けるダイエットにぜひ切り替えてください！

TIPS
71

何はともあれ、まずは「足首」「足指」「足裏」をケア

前の頁では、「一生続けられるケア」のお話をしましたが、まず、そのようなケアとして取り入れて欲しいのが、「足首」「足指」「足裏」のケアです。なぜ、「足なの？」と思うかもしれません。足は、からだのなかで最も老廃物が溜まりやすい部位です。地球上の全てのものは、重力の影響で下に溜まる傾向がありますが、老廃物も同じ。からだの最下部である足に溜まります。そして、足はからだの土台部分。この土台の筋肉がこっていたりスムーズに動かなかったりすると、正しい姿勢で立ったり、歩いたりすることができず、骨盤の位置などもゆがんでしまい、体形も崩れてしまいます。

土台であるうえに、老廃物も溜まりやすい部位。だから、「足」のケアはどの部位よりも重要なのです。

まず、老廃物の溜まった足裏を手のこぶしでおし流しましょう。そして、足首をグルグル。さらに、からだの末端である足指の関節もしっかりほぐしましょう。血流がよくなっている入浴時に、行うとより効果的です！

TIPS 72

「反射区」を知っていると、効率的にやせられる

「反射区」という言葉を聞いたことはありますか？　ご存じない人でも、P174〜175の図のような足裏の分布図を目にしたことがある人は多いのではないでしょうか。

反射区とは、からだの器官や内臓がつながる末梢神経が集中している箇所のことです。主に足裏などに分布しており、その大きな特徴は臓器と呼応していること。例えば、「胃」の反射区をおして痛みを感じたら、少々食べ過ぎなどで胃が疲れているのかもしれません。

また、便秘をどうにかしたい。そんなときは、腸の反射区を刺激すると腸への血流がよくなり働きが活性化される、という仕組みです。反射区をおすことで不調に気づいたり、不調を感じる臓器の箇所をおすことで活性化することもできます。

反射区は、ツボとひとくくりにされることも多いのですが、ツボとは別ものです。ツボは小さい「点」なので、じつはセルフケアでは正確な場所を見つけることは難しい場合もあります。それに対して反射区は「面」なので捉えやすく、誰でも刺激しやすいのです。

このように、反射区は臓器にダイレクトにはたらきかけることができ、臓器の状態も知らせてくれる優れもの。理解をしておくと健康の維持にとても役立ちます。

そして、健康と美容は切っても切り離せない関係です。

例えば、胃腸の調子が悪ければ代謝が鈍ってしまいますし、腎臓に負担がかかっていれば、からだはむくみやすくなってしまいます。健康なくして、美しいからだはないのです。だから、反射区を刺激する習慣をつけることは、美容やダイエットにもよい効果をもたらしてくれることは間違いありません！

反射区をおすと、「痛い！」と感じるかもしれません。しかし、どこをおしても痛いわけではありません。痛いと感じる箇所は、それと呼応する臓器の不調の現れ。反射区をおしてほぐすことで、その痛みは次第に和らいでいきます。そして、該当臓器の不調も改善されていきます。

足の反射区をおしてみましょう

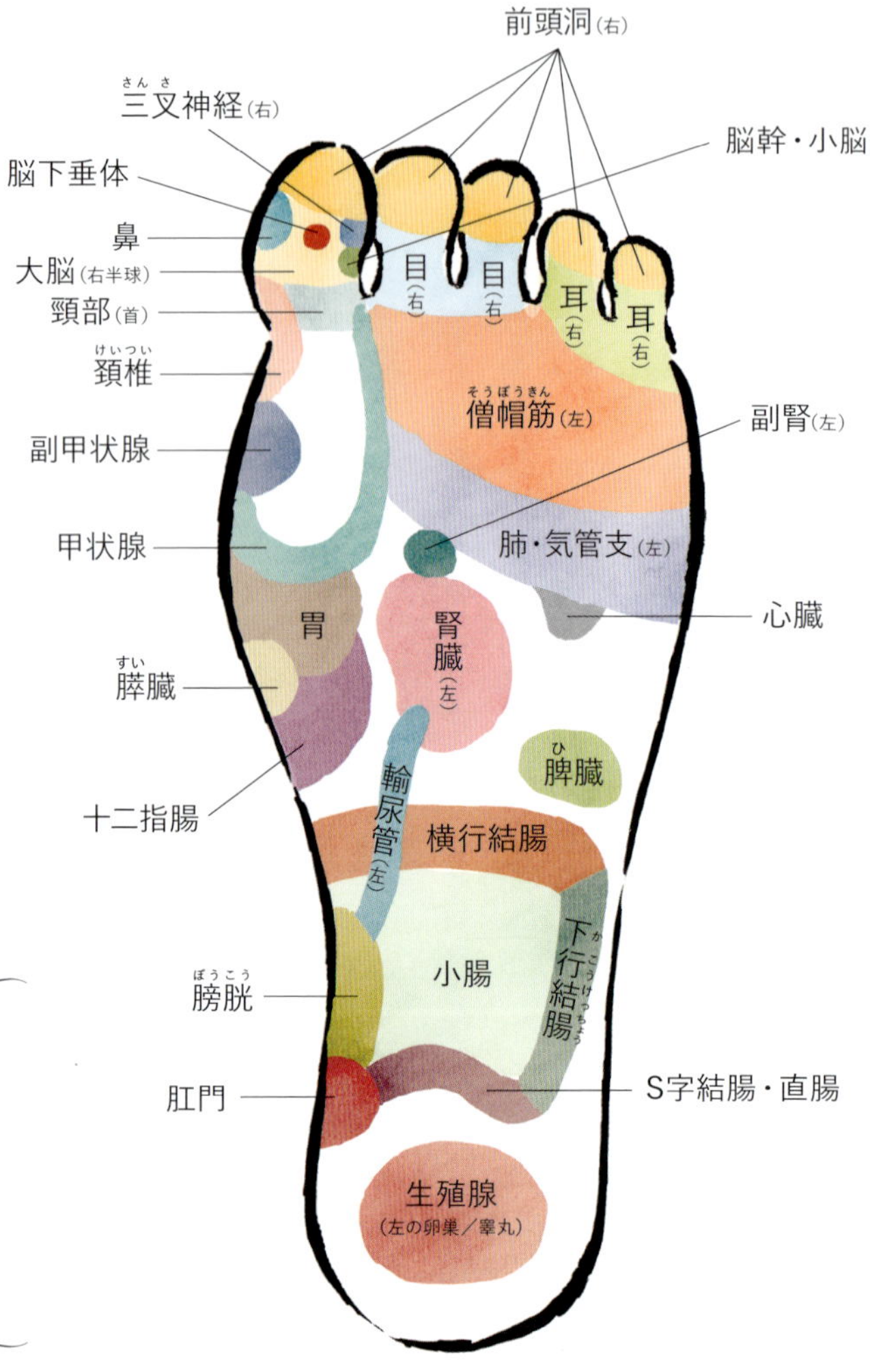

左足の裏

足裏には臓器と対応する反射区が分布しています。
からだの不調がある箇所は硬くなっていたり、おすと痛みを感じます。
まずは、様々な箇所をおしてみましょう。

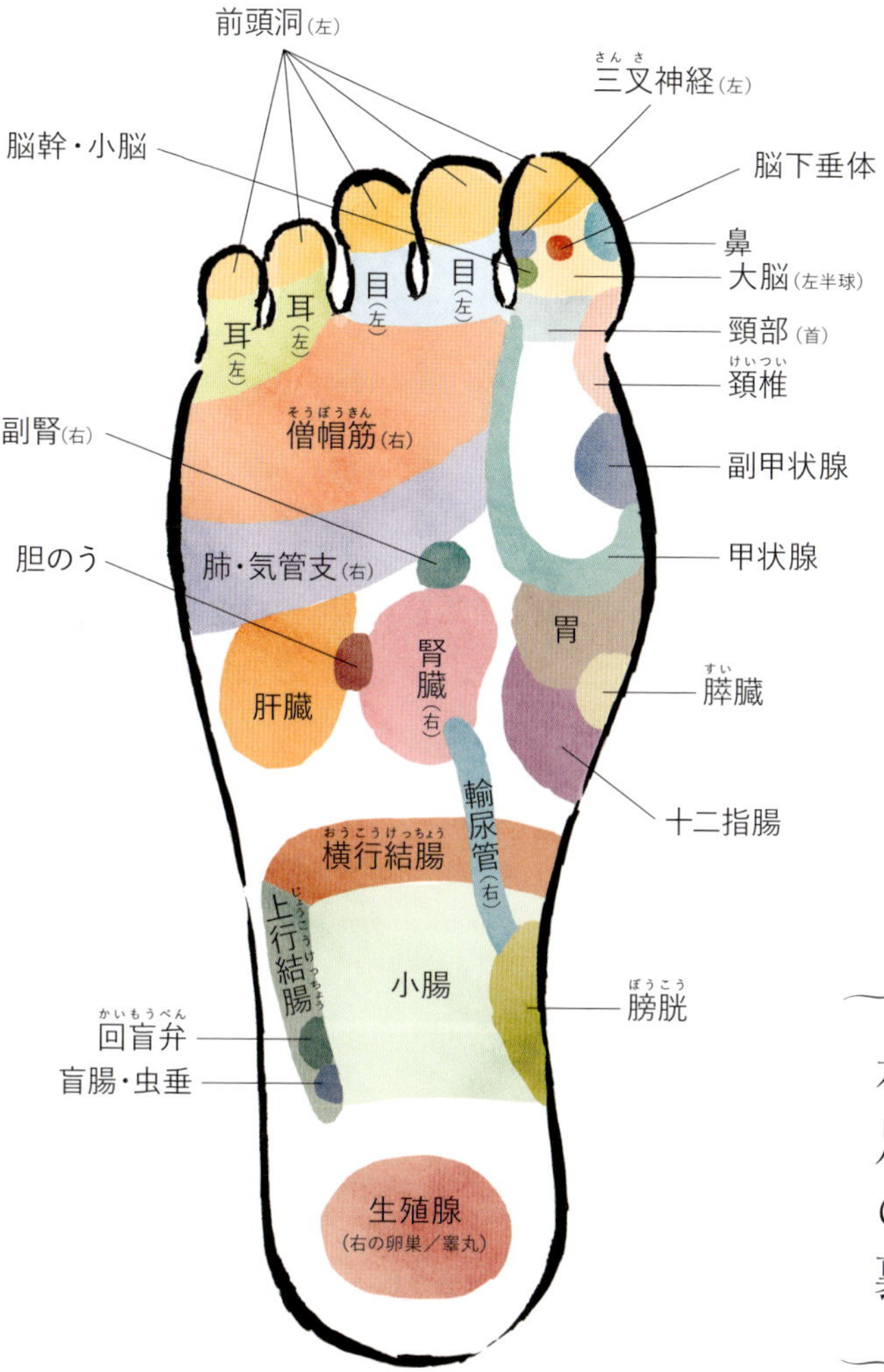

右足の裏

TIPS 73

「土台」整えずして、ボディは整わない

「からだのゆがみ」がダイエットの大敵であることは、よく知られています。

では、なぜ、ゆがみが起こるのでしょうか。それは、日常のクセや無意識に行っている行動で筋肉が偏った使い方をされているから。頻繁に使われる筋肉にはこりが生じ、さらにその筋肉によって骨が引っ張られてしまうため、からだのバランスが不均衡になるのです。

脚を組んでいたり、一方ばかりでバッグを持っていたり、猫背や反り腰などの悪い姿勢などは、ゆがみの大きな原因です。しかし、ゆがみを引き起こすのはそれだけではありません。利き腕、利き足があるだけでもからだはゆがんでしまうので、「ゆがみがない」という人はまずいません。

ゆがみを避けることはできないものの、できるだけ少なくすることはダイエットにおいては大切なことです。ゆがみが大きくなれば、顔の大きさ、脚の太さも左右で変わってしまいますし、血液やリン

パの流れも悪くなります。血液が行き届かない冷えた筋肉のまわりには脂肪もついていってしまうのです。

そして、ゆがみというのは1カ所がゆがむと、全身に影響してしまいます。ゆがんだ箇所は姿勢を保とうとするため、他の箇所の筋肉を引っ張ります。するとまた、別のところがゆがんでいく……といった負のスパイラルが起こるので、その根本にある「こり」をマッサージなどで、ほぐしてあげることが効果的であり重要なことです。

さて、ゆがみというと「骨盤」がまず浮かぶのではないでしょうか。「骨盤のゆがみを整えなくちゃ」という意識を持っている人も多いでしょう。しかし、骨盤以上に注目して欲しいのは、「足のゆがみ」です。家を建てるときに土台がゆがんでいたら、その家は傾いてしまいますよね。からだもそれと同じ。足がゆがんでいたら、その上にあるもの全てがゆがんでしまうのです。つまりは、土台である「足」を整えずして、からだのゆがみは改善されないということ。だから、「足」のケアに目を向けるべきなのです！

TIPS
74

「もむ」よりも、「おす」ほうが断然やせる！

私はかつて半年で15kgのダイエットに成功することができましたが、その最大の手助けになったのが「おす」というメソッドです。

セルフマッサージというと、「もむ」を試みる人も多いのですが、私は断然、「おす」ほうが効果的だと思っています。それには、もちろん、確かな理由があります。

「もむ」より「おす」ほうが、リンパ、リンパ節、血流、関節、筋肉、ツボ、反射区などあらゆる箇所に的確にアプローチしやすいからです。それゆえ、むくみや脂肪の蓄積の根元になっている滞りを改善し、めぐりがいい「やせるからだ」へと、効率よく導くことができるのです。

試しに、腕の筋肉を「おしたとき」と「もんだとき」を比べてみてください。おしたときのほうが筋肉の奥まで刺激が届くのが分かるのではないでしょうか。さらには、「おす」と同時に関節を回したり、曲げたりすると、ただもむだけでは排出できない関節の裏側やキワに溜まった老廃物が、ぐいぐいと排出されていきます。だから、少しおしただけでも血色がよくなり、スッキリするのです。からだの表面だけでなく深部までできることが、「おす」ことの最大のメリットです。おす時間はたった10〜15秒でOK。P182〜183を参照に「おしやせ」をぜひ実践しましょう！

TIPS 75

35歳は、お腹、太もも、足首に年齢が出やすい

35歳を過ぎると気になってくるのが、やはりお腹まわりです。女性ホルモンが低下することで、筋肉を作るホルモンも低下。お腹を引き上げる胴体まわりの筋肉が減ってしまうことなどが原因で、お腹がたるんでしまいます。さらには、悪い姿勢などが慢性化してしまっていることも、お腹太りに拍車をかけてしまっているのです。ついで、年齢とともに立派になってくるのが太ももまわり。そして、老廃物が溜まりやすい足首にもまた、もたつきが顕著に現れてきます。

そのまま放っておけば、どんどんと太くなってしまい、老けた印象を招いてしまいます。だからこそ、まずは、お腹まわり、太ももまわり、足を意識的にケアすることが大切です。そうすれば、年齢を感じさせない若々しいボディを保つことができます。

先にもお伝えしたように、ケアする際は、まずは足首から！が鉄則。からだの土台であり、老廃物が一番溜まりやすい足のケアを先に行わないと、他の部位は効果が半減してしまいます。試しに足裏、足指、足首、くるぶしまわりをケアしてみてください。すると足先からポカポカしてきませんか？　そのポカポカが全身によい効果をもたらすのです。そして、その状態で次の頁から紹介する、足首、太もも、お腹の「おしやせ」メソッドを実践していけば、高い効果が実感できますよ。

久式「おしやせ」メソッドを
実践してみましょう

HOW-TO PUSH

足首をスッキリさせるメソッド

ツボを刺激して、むくみを解消しましょう。おす時間の目安は1セット3分。

PROCESS
(1)

ひざを立てて座り、足の指の間に親指を添える。手前に引っ張るようにしながら、指の間を親指で、グーッと深くおす。痛気持ちいいくらいが◎。

PROCESS
(2)

親指と人差し指でアキレス腱を挟むように、指を添える。外くるぶしとアキレス腱の中間のくぼみにあるツボ(太谿《たいけい》)を、ゆっくりとおす。

PROCESS
(3)

親指を足首の中心のくぼみにあるツボ(解谿《かいけい》)に当てる。足首をつかむようにして圧をかけながら、ツボを親指でギューッとおす。

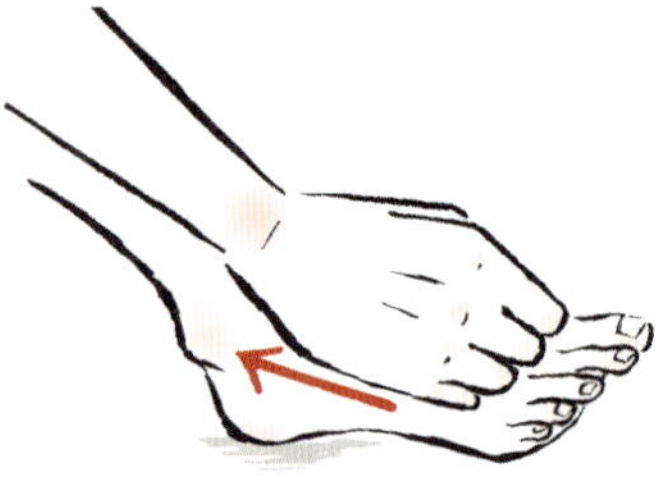

PROCESS
(4)

こぶしを作り、親指以外の第2関節を足の甲に当てる。こぶしを足の指先から足首方向へ動かし、甲をおし流す。1～4を反対側の足も同様に。

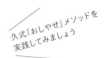

HOW-TO PUSH

太ももを細くするメソッド

リンパ節をしっかりおすと、足の疲れもスッキリ。おす時間の目安は1セット2分。

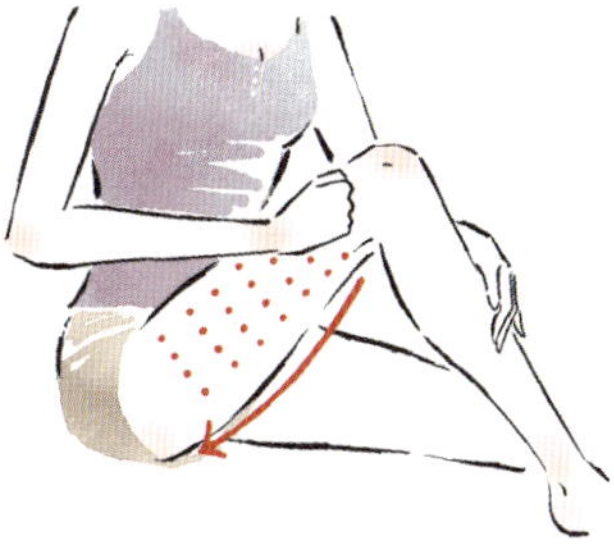

PROCESS
(1)
ひざを立てて座ったら、ももの外側にこぶしを当てる。親指以外の第2関節を使い、もの外側をひざ側からお尻側に向かい小刻みにおしていく。

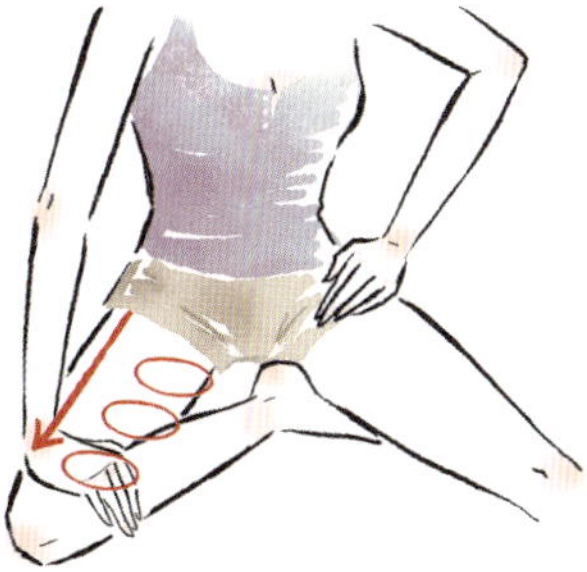

PROCESS
(2)
内ももの足の付け根付近に手の平を添える。圧をかけるようにして、手の手首側でぐいぐいとおしながら、手をひざに向って移動させる。

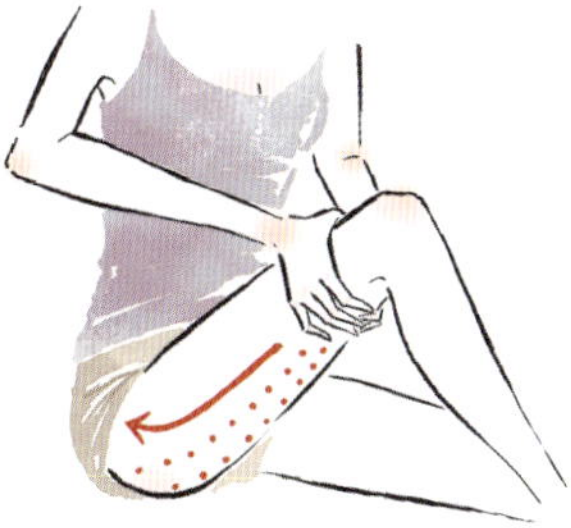

PROCESS
(3)
太ももを両手で包み込むようにし、人差し指&中指、薬指で太ももの裏をおす。ひざの裏からお尻の境目まで、両手を移動しながら小刻みに。

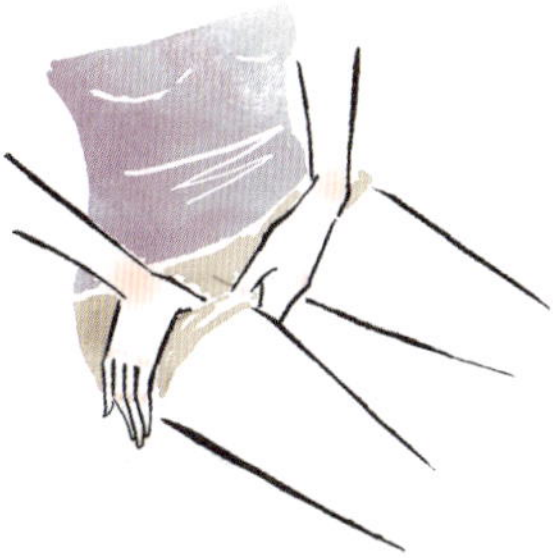

PROCESS
(4)
足の付け根にある、そけい部を両手の親指でギューッと深くおす。ドクドク感を感じるくらいが◎。1～4を、反対側の脚も同様に行う。

HOW-TO PUSH

くびれたウエストを作るメソッド

胴体まわりをまんべんなくおしていきます。おす時間の目安は1セット2分。

PROCESS
(1)
ワキ腹をつかむようにしながら、ウエストのいちばんくびれている部分に親指を当てる。お腹を真横から、親指でギューッとプッシュ。

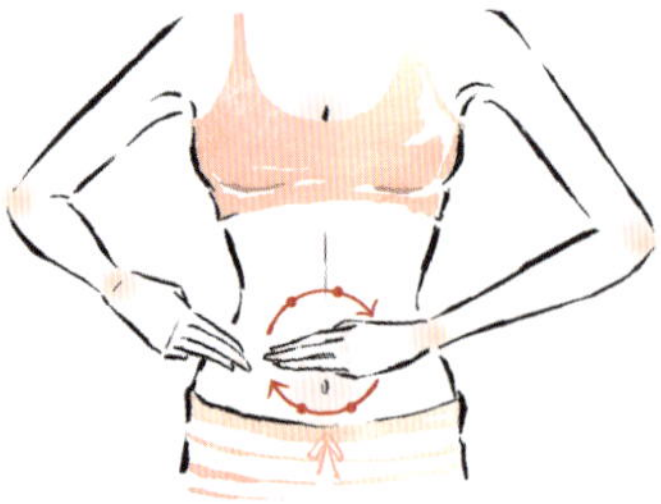

PROCESS
(2)
おへその近くに、両手の人差し指、中指、薬指の3本の指を添える。時計まわりに円を描くように、添えた指で小刻みにおしていく。

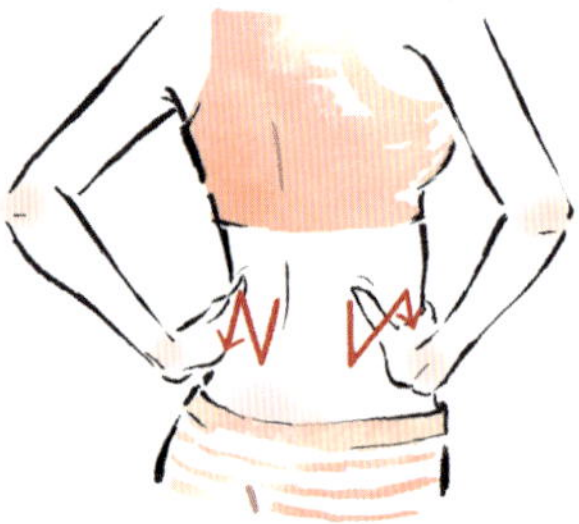

PROCESS
(3)
ウエストのくびれている部分をつかむようにしながら、背中に親指を当てる。内側から外側に向い、ジグザグを描きながら親指でおしていく。

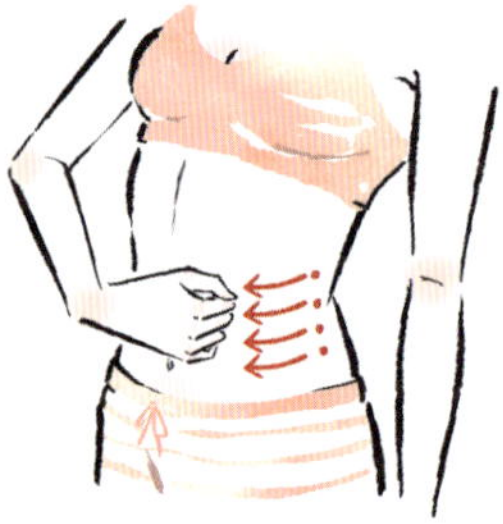

PROCESS
(4)
手でこぶしを作ったら、親指以外の4本の指の第2関節をウエストに縦に当てる。おへそに向ってこぶしを動かしおし流す。反対側も同様に。

Recommend items

マッサージのお供にしたいアイテム

ボディオイルやクリームを使えば、
おしやすくなるので、マッサージ効果がアップ。
ケアのお供にしたい、
オススメアイテムをご紹介します。

1. さらりとしたテクスチャー。
フォリューム ボディエステ マッサージオイル160mL ¥1,500（エクスパンド）

2. 保湿効果の高い、ざくろ種子オイルが肌にハリを与える。
ざくろ オイル100mL ¥4,500（ヴェレダ・ジャパン）

3. 血行促進効果もあるロングセラーオイル。下半身のケアに最適。
ボディ オイル“アンティ オー”100mL ¥7,400（クラランス）

4. 脂肪対策のために誕生した一品。引き締めをサポート。
クレーム マスヴェルト 190g ¥8,000（クラランス）

TIPS
76

老廃物は
骨のキワに溜まりやすい

からだのむくみの原因となっているのが、「老廃物」です。血液（動脈）は、全身に酸素や栄養を運び、心臓に戻る血管（静脈）はからだの中の老廃物や毒素を回収するはたらきがあります。そして血管（静脈）で回収しきれなかった老廃物や毒素をリンパが回収してくれるのです。

しかし、血流やリンパの流れが悪いと、その回収がうまくいかず、からだの中に溜まったままとなり、むくみを引き起こしてしまうのです。特に老廃物が取り残されてしまいがちなのが、「骨のキワ」。膝の内側、肩甲骨のまわり、鎖骨、足首や股関節などの付け根、膝関節のまわりなど、大きな骨のキワには溜まりやすい傾向にあります。

そして、そんな骨のキワにもアプローチしやすいのが、先述した「おす」メソッド。骨のキワをグーッとおすことで、キワの溝、裏側まで刺激ができます。さらに、おしながら関節を動かせば、溜まっていた老廃物がどんどんと流れ出していきます。

セルフケアを行うときは、「骨のキワ」を重点的に行うよう、意識してみてください。

TIPS 77

姿勢を意識すれば、代謝はぐんと上がる！

みなさんは、普段「姿勢」を意識していますか？

猫背になっていたり、腰がのけぞった姿勢になっていないでしょうか。そのような姿勢は見た目が美しくないことはもちろんですが、じつはボディラインを崩す大きな原因。例えば、この悪い姿勢を続けていると内臓を支えている筋肉が衰えてしまうため、内臓下垂でお腹がぽっこり出てしまいます。脚は、太ももの外側に過剰な負担をかけてしまうため、どんどん外側に張り出してしまうのです。

じつは35歳を過ぎると無意識のうちに、悪い姿勢になっている人がとても多いのです。それは、姿勢に関わる筋肉が減っていたり、からだのあちこちにゆがみが生じ、筋肉のバランスが悪くなってしまっているから。

20代のときは、無意識でも、姿勢を保てていたかもしれません。でも、35歳を過ぎたら「姿勢をよくする」意識を持つことが必要なのです。背筋をすっと伸ばし、お腹にグッと力を入れて立ってみてください。どうですか？　お腹の筋肉がシャキッと目覚めたのではないでしょうか。筋肉が動き出せば、下がった臓器も元の位置に戻り、ぽっこりお腹も解消。そして、代謝もぐんぐん上がります。ちょっと意識するだけですが、それだけで驚くほど燃えるからだに変わるのです！

TIPS 78

深い呼吸をするだけで、やせ体質に！

正しい姿勢と同じくらいに、代謝を上げる効果が期待できるのが、「深い呼吸」です。昨今、呼吸が浅くなっている人が非常に多いといわれています。みなさんも、パソコンに向かっているときなどにふと気づくと、小さい呼吸になっていないでしょうか。

さて、「呼吸で代謝が上がる!? そんなバカな……」と、思った人もいるでしょう。では、試しに大きな呼吸をしてみてください。

まずは鼻からたーっぷり息を吸い込みましょう。そして、口からゆっくりお腹に溜まった空気を吐ききります。これを何度か繰り返すと、からだがぽかぽかしてきませんか？ それは、からだに血液が行きわたった証拠です。血流がよくなれば、細胞は活性化。代謝も当然、上がります！ そして、「横隔膜」の動きを意識すると、よりやせる呼吸ができます。横隔膜を下げるように息を吸うとあばらが広がるのを感じると思います。そして横隔膜を上げるように息を吐くとお腹まわりが引き締まることを感じるはずです。朝、仕事の合間、夜寝る前……、ぜひ、深い呼吸を頻繁に取り入れてみてください。

TIPS 79

顔だけをマッサージしても、顔やせできない

顔はもちろん、首やデコルテのマッサージには、
リッチなテクスチャーのミルクやクリームを。

1.たっぷりの植物エキス配合。心安らぐフローラルウッディの香り。
AQ マッサージクリーム 92g ¥10,000（コスメデコルテ）

2.粘着性の高い濃厚ミルク。江原道 マクロヴィンテージ ロイヤルマッサージミルク（乳液）140mL ¥12,000（Koh Gen Do 江原道）

3.指どまりのよさにこだわったテクスチャーも特徴。
マスキュレイト マッサージ＆マスク クリーム 200g ¥10,000（SUQQU）

4.柔らかく厚みのあるクリームが、肌をこり感から解きほぐす。
RED B.A マッサージクリーム 80g ¥7,000（ポーラ）

「顔やせをしたい」というとき、顔ばかりをぐいぐいマッサージする人がいます。しかし、顔だけを刺激しても、じつは意味がありません。顔やせの要は、「首」。首のケアなくして、顔やせはできないのです。

その理由は、血液の循環と関わっています。血液は心臓から送り出され、細胞に栄養分や酸素を届けます。そして、老廃物を回収し、再び心臓に戻っていきます。顔と心臓をつなぐ首は、老廃物の通り道。それにもかかわらず、筋肉がこり固まっていたり、リンパが詰まっていては、老廃物が流れず顔に停滞してしまいます。

だから、「顔やせ」のためには首のリンパの流れをよくすることが不可欠。まず、耳の下あたりに人差し指、中指、薬指の3本の指を添えて、鎖骨に向かっておし流しましょう。そして、指の位置を少しずつ内側にずらしていき、首全体をおし流していきます。首ケアをしただけでも顔色がよくなり、スッキリした印象になりますが、そのあとに顔のマッサージをすれば、効果は絶大です！

TIPS
80

美人は、必ず鎖骨をおしている

女性らしさを引き立てる部位といえば、「鎖骨」ではないでしょうか。美しい鎖骨はそれだけでアクセサリーのような存在感がありますが、手に入れる方法は意外と簡単。鎖骨をいつもおし、老廃物を溜めない習慣を作れば、自信の持てるデコルテラインになりますよ。

まずは、人差し指と中指、薬指の3本の指で鎖骨の上をしっかりおします。くぼみに指を入れるようなイメージでグイッとおしましょう。次にこぶしの第2関節を使い、バスト上をからだの中心から外に向かいおし流します。さらに、人差し指と中指、薬指の3本の指を首の付け根に当て、頭を、当てた指側へ少し傾けます。最後にワキを手でつかみ、腕の付け根を親指でおし込めばOK。老廃物が流れ、埋もれていた鎖骨が顔を出してくれますよ。

鎖骨はリンパの最終出口でもあり、大事なリンパ節でもあります。だから詰まれば老廃物が溜まってすぐにむくみますし、流れがよくなれば、すぐに効果が現れる部位です。気づいたときに、「おすだけ」でいいのですから、やらない手はありません！

TIPS
81

スマホ依存で、
顔がたるむ。
バストも下がる

私達の日常において、スマートフォンは不可欠な存在です。スマホを片手に画面をのぞいている時間は、1日のなかでもかなり長いのではないでしょうか。しかし、その何気ない行為が、「おデブ」を引き起こしていることに気づいていますか？

まず、自分がスマホを見ているときの姿勢をチェックしてみてください。猫背になり、うつ向くことで首が前に出てしまっていませんか？　もちろん、無防備なこの姿勢自体が美しくありませんが、弊害はそれだけではありません。この体勢を長時間続けていると、顔の筋肉がゆるみ、顔や首のたるみなどを引き起こしてしまうのです。さらには、バストを引き上げる首や肩まわりの筋肉も衰えてしまいます。すると、バストが下がることはもちろんですが、バストにあるべき脂肪が背中やワキ腹に移動。どんどんと太った印象のからだになってしまいます。

スマホによって暮らしがより便利に、より快適になりましたが、「おデブグセ」がついてしまっては、なんとも残念……。便利なアイテムに支配をされた生活の代償は、意外と大きいので気をつけましょう。

とはいえ、スマホを使わない生活は、ほぼ不可能。だから、見るときはできるだけ目線を上にして、うつ向かない姿勢を心がけましょう。

TIPS 82

髪の自然乾燥で顔が大きくなる！

つい、濡れた髪を乾かさずに放置してしまう。そんな悪い習慣が、日常化していませんか？「髪の自然乾燥＝顔が大きくなる」ことに、「なぜ？」と思った人は多いかもしれません。その根本にある理由は、「冷え」です。お風呂上がりに、髪を乾かさず放置する時間が長ければ長いほど、濡れた髪によって頭皮はもちろん、首や肩まわりが冷えてしまいます。すると血流やリンパの流れが悪くなり、顔がむくんでしまうのです。そんなことが、毎日積み重なれば……顔はどんどんと大きくなってしまいますよね。

もちろん、顔のむくみだけでなく、肩こりや首こりを慢性化させる原因にもなります。濡れた髪の放置は、美容にも健康にも、もちろん髪自体にもいいことは何もありません！　すぐに乾かす習慣を身につけ、冷えを遠ざけましょう。

むくみは、ちょっとしたよい習慣で改善されるものですが、ちょっとした悪習慣でどんどん蓄積してしまう恐ろしいもの。せっかくしてきた「よい習慣」が帳消しにならないよう気をつけましょう。

TIPS 83

朝食抜いたら、おデブスイッチオン！

ダイエットを続ける女性のなかには、「朝食は食べない」という人も多いようです。しかし、それはやせるどころか、おデブスイッチをおしてしまいかねません！　なぜならば、朝食を抜くことで体温や血圧が上がりにくくなり、その日の基礎代謝がダウンしてしまうからです。基礎代謝とは、日常のなかで無意識に消費されているエネルギーのことです。食べる量は同じなのに、「太りやすい人」と「太りにくい人」がいますが、それは、基礎代謝の差が大きいといえます。「やせるからだ」になるためには、基礎代謝が高いからだになる必要があるのです。

食べずに体温が上がらないと血液循環も悪くなり、顔も足もむくんでしまいます。スッキリした顔やボディで出勤したければ、ぜひ朝食は食べましょう。「1日の摂取カロリーを少しでもおさえたいから食べない」という人もいますが、朝、食べたものは昼間の活動で消費されるので心配は無用！「食べない」リスクのほうが大きいことを覚えておきましょう。

CHAPTER VI

HEALTH

35歳からのプチ不調対策

by NINA ISHIHARA

PROFILE

医師・イシハラクリニック副院長。大学病院での2年間の研修を経たあと、父、石原結實医師のクリニックにて主に漢方医学、自然療法、食事療法を中心とした治療に当たる。講演、テレビ、ラジオなどでも活躍中。著書は『食べる米ぬかですっきりやせる! 病気が治る!』(宝島社)など。

TIPS 84 | 101

からだに必要なこと、不要なことを見極めて

医師 石原新菜

病院に行くほどでもないけれど、どうも、体調が優れない。
じつは、からだにいいと思ってやっていたことや、
何気ない習慣が、からだに不調を
もたらしていることが多いのです。

「たいしたことない」と放っておけば、
悪化してしまうことはもちろん、
気持ちまで沈んでしまいます。
そして、健康なくして
美しいからだはありませんから、
どんどん「美」を遠ざけてしまいます。

からだに必要なこと、不要なことを見極めて
習慣を見直せば、プチ不調も改善されていきますよ。

TIPS 84

グリーンスムージーで健康は遠のく

青菜にバナナ、パイナップル、キウイなどのフルーツを攪拌《かくはん》して作るグリーンスムージー。美容や健康のために毎朝飲んでいる方は少なくありません。ですが、よかれと思って続けているその1杯が、じつは美を遠ざけているのかもしれないのです。

もちろん、グリーンスムージーには食物繊維やビタミン、ミネラルなどの栄養素を効率よく摂取できるというメリットもありますが、女性にとって大敵である「冷え」を招く飲みものでもあります。

バナナやパイナップルなどの南国フルーツは体温低下を促しますし、スムージー自体が冷たい飲みもの。体温が上がり始める朝に、冷たいグリーンスムージーを流し込むことは、からだを芯から冷やす原因にもなります。

体温が1℃下がると基礎代謝は約12％下がるというデータがあります。基礎代謝とは、生命活動を維持するためにからだの中で生理的に行われている活動に必要なエネルギーのこと。つまりじっとしていても消費されるカロリーのことです。1日に消費される総カロリーのうち、この基礎代謝は6〜7割近くを占めているともいわれています。

グリーンスムージーで体温が低くなると、基礎代謝も落ちてしまう。すると、消費するエネルギー量も減って太りやすくなる……なんていう悪循環も考えられます。「ダイエットのためにグリーンスムージーを朝食にしているのにちっともやせない」という方はぜひその習慣を見直してみてください。

グリーンスムージーの代わりのドリンクには「にんじんりんごジュース」をオススメします。野菜＋フルーツという構成は同じですが、寒い地域で取れるにんじんやりんごは体を温める食材（P204〜205参照）。作り方はいたってシンプルで、にんじん2本、りんご1個をよく洗い、皮ごとジューサーに。できたジュースをゆっくり噛むように飲みましょう。気分に応じてすりおろしのショウガをトッピングしてもいいかもしれません。ビタミン、ミネラル、糖分がバランスよく摂れる、朝にうってつけの1杯です。

TIPS 85

親指2本分のショウガで冷えを解消

基礎代謝が落ちてしまう「からだの冷え」。靴下や腹巻など外的なものでカバーすることもできますが、できればからだの中から温めたいもの。そこで取り入れたいのが陽性食品です。漢方では「陰陽論」という考えがあり、冷え症の方は陰性体質、体温が高く年中ポカポカしている人は陽性体質というふうに分けられます。食品も同様に、からだを冷やすものは陰性食品、からだを温めるものは陽性食品とされます。

陰性食品はなすやトマトといった野菜、バナナやマンゴー、グレープフルーツなどの南国フルーツが分類されます。一方、陽性食品は、にんじんやごぼうなどの根菜類、かぼちゃなどの色の濃い野菜、りんごやぶどう、プルーンといった北で取れるフルーツがあげられます。前述した「にんじんりんごジュース」は陽性の食材を使っているので、からだを冷やす心配がないというわけです。陽性・陰性の見分け方は産地や収穫シーズン、色が決め手。陰性の食品は、南国が産地のものや夏が旬のもの、青や白、緑といった色をしていることが多く、陽性の食品は、北で取れて、冬が旬、色は赤や黒、オレンジ色といった濃い色が目印です。

なかでもショウガは陽性食品の王様です。1年を通して手に入れられる万能薬味であるショウガは、「副作用のないハーブ」ともいわれ、ジンゲロールとショウガオールという辛味成分には、血流をよくし、からだを温める作用や、抗炎症作用が期待できるスーパーフードです。

1日の摂取量の目安は親指2本分。親指1本で約10gありますので、20gを目標に、紅茶に入れたり、味噌汁に入れたりと毎日の食事に取り入れてください。外出先では持ち歩きに便利な粉末のショウガもオススメです。

また、ショウガは蒸して乾燥させると、ショウガオールが増え、生の状態の10倍の効能があるといわれています。蒸し器やオーブンで蒸して乾燥させれば、オリジナルの蒸しショウガの完成です。ショウガパワーでぜひ冷えを解消してください。

TIPS 86

歯の本数に合わせた食生活が理想的

ここ数年ブームが続いている糖質制限ダイエット。3大栄養素であるたんぱく質、炭水化物、脂質のうち、炭水化物に含まれる糖質の摂取量をおさえるというダイエット法で、白米や麺類、パン、いも類に含まれるでんぷん、フルーツに含まれる果糖などが制限すべき糖質に当たります。糖質の摂取を控えることで、体内のエネルギーが足りなくなり、脂肪を分解して補おうとするのでやせやすくなるという理論は分かりやすいうえ、効果も感じやすく、一躍人気のダイエット法になりました。

こんにゃく粉による麺や、ふすま粉で作られたパンなど、糖質量をおさえた商品がスーパーの陳列棚に並ぶなど、一過性のブームで終わらず、私達の生活に定着したようにも思います。

ですが、私はあえてこうした糖質制限に警鐘を鳴らしたいと思います。理由はいくつかありますが、まずひとつあげるなら胃腸への負担が大きいこと。糖質の摂取量をおさえる代わりに、肉などのたんぱく質を多く摂るようになりますが、人間は本来肉食動物ではありません。肉を消化・吸収するというのは、人体にとってかなりの負担。胃腸はフルで回転し、休まる時間もありません。焼肉など、肉をたくさん食べたあとに、胃がもたれたり、下痢になったりするのは、消化が追いつかなかった証拠です。

では何を食べたらいいか――それは、あなたの歯が教えてくれます。「歯は消化器の鏡」といわれているように、歯を見れば「どのようなものを摂取するべきか」が分かります。例えば、肉食動物の歯は、獲物をとらえるために犬歯（牙）が発達しています。

では、人間はというと、32本ある歯のうち、穀物を食べるのに適した臼歯《きゅうし》（石うすのようにすりつぶすのに適した歯）が20本もあるのです。その割合はじつに全体の6割を超えます。全体の構成は、野菜や果物を食べるための門歯が8本（25％）、肉や魚などを食べる犬歯が4本（12・5％）です。つまり、私達人間の食生活は6割穀物でいいということ。じつはそれが胃腸にとって負担にならない食生活なのです。無理して糖質を制限するのはご法度です。

TIPS 87

〝3食しっかり〟摂ると からだはだるくなる

「バランスを考えて、3食しっかり食べているのになにが悪いの?」という声が聞こえてきそうですが、しっかりきっちり食べることよりも、〃お腹がすいたら食べる〃ぐらいがオススメです。

そもそも現代人は食べ過ぎなのです。朝も昼も、夜もしっかり食べ、小腹がすいたら間食し……と、日々の生活を送るうえで飢餓状態になることはほとんどありません。古来、常に飢えと闘ってきた人間にとって、「食べないこと」に関してはある程度耐性があります。手を伸ばせばすぐに食べものがある飽食の時代はここ最近のこと。そのため、「常に満腹」にはからだが慣れていないのです。

お腹がいっぱいになると、体内では消化吸収に追われ、血液は胃腸に集中します。昼食後に頭がぼーっとしたり、だるくなったりするのはこのためです。

では、どのくらい食べたらいいのか。

3食食べるのであれば、どの食事も腹7分目でやめておくことです。「ちょっと足りないな」という感覚が7分目の目安。朝食を「にんじんりんごジュース」などで置き換えて、食事は昼と夜だけにするなら、「あとちょっとで満腹」という腹8分目にしておきましょう。

TIPS
88

空腹が
長生きのスイッチ

満腹になると血液が胃腸に集中してしまい、他の臓器に血液が流れにくくなり、からだのコンディションが悪くなると前項で述べましたが、もうひとつ食べないことのメリットを紹介したいと思います。それは、私達の寿命を左右することです。

近年話題になった長寿遺伝子（サーチュイン遺伝子）は老化をコントロールする遺伝子。誰もが持っている遺伝子ですが、活性化させ寿命を延ばすことができるかどうかは、各人の生活習慣にかかっています。この長寿遺伝子のスイッチをオンにする方法のひとつに、カロリーを制限することがあげられます。つまり、腹ペコな状態が長寿遺伝子のスイッチがオンになるきっかけになるのです。1日のなかで「お腹がすいてどうしようもない」という時間を作ることで、長寿遺伝子は活性化し、私達のからだは老化が抑制される。そう思うと、腹ペコな状態も楽しめそうですね。

また、免疫力も空腹時に上がります。というのも、免疫力を左右する白血球は血液の老廃物を処理したり食べたりします。ですが、食べる量が減り、血液の中の老廃物が少なくなると、白血球はお腹がすき、ウイルスや雑菌を攻撃するようになるのです。つまり、空腹であることは、長寿遺伝子のスイッチをオンにするだけではなく、免疫力さえも上がっている状態といえるのです。

TIPS 89

白い食べものは冷えを呼び込む

空腹に耐えられなくなり、小腹を満たすものをつまむ際は、色に注目しましょう。色の濃いものにからだを温めるものが多いからです。具体的には、チョコレート(カカオ含有量の多いビターなもの)や、黒あめ、プルーンなどです。ドリンクなら食物繊維が豊富なココアがオススメです。

逆に避けたいのは、白くてふわふわしたもの。ケーキやアイスクリーム、シュークリームなど白い洋菓子は、小麦粉や牛乳、白砂糖など、からだを冷やす陰性の食材が原料になっていることが多いからです。ですから、洋菓子か和菓子かで悩んだら、迷わず和菓子をチョイスしてください。

甘味が欲しい場合は、白砂糖ではなく、陽性食品の黒砂糖を選びましょう。黒砂糖はミネラルが豊富で、そのまま口の中で溶かすだけでも立派なおやつに。からだを温めるという効能だけではなく、血糖値がすぐに上がるので、「お腹がすいた!」という空腹感をおさえることもできます。一時的に血糖値が上がるだけで、すぐに正常に戻るので心配はいりません。黒砂糖は、脳を騙しながら、食欲をおさえてダイエットしたいという方にも有効なおやつといえるでしょう。また、カルシウムが白砂糖の150倍も入っているので、歯にも優しくて安心です。

TIPS 90

水の摂り過ぎが「未病」を引き起こす

美と健康のために、水はできるだけたくさん飲んだほうがいいという方は多くいます。ですが、水の摂り過ぎは、漢方でいう「水毒」という状態を引き起こします。水を飲み、からだが冷えると代謝が悪くなり、体内に余分な水分が溜まります。すると、それが原因でさらにからだが冷え、代謝がもっと悪くなる、という負のループが「水毒」の症状です。健康のために水分をたくさん摂ったとしても、かえってその行為が冷えを助長させ、疲れやすくなったり、からだがだるかったり、むくみやすかったりと、体調が悪くなってしまうのです。肩こりや頭痛、めまい、鼻水なども水毒が原因であることが多く、病気というほどではないけれど、からだの調子が悪い「未病」の状態に陥ります。

そこで、「とにかく水をたくさん飲む」のではなく、「ノドが渇いたときに飲む」というシンプルな基準で水と付き合ってください。そもそも、必要な水の量は各々に違います。体温や外気の温度、運動量などによって必要とする水分量は左右されますし、個人差もあります。ですから、「◯Lが目標値」と一概にはいえないのです。

利尿作用のあるショウガ紅茶を飲んだり、からだを温める効果のある「にんじんりんごジュース」を飲んだりしましょう。そのほうが、やみくもに水を飲むよりもよっぽど健康にいいと思います。また、汗として余分な水分を排泄するために、お風呂に入ることもオススメ。水毒から抜け出せるだけではなく、からだがポカポカし基礎代謝も上がります。そして、運動不足により下半身の筋力が衰えると、内臓の血流も悪くなり、排泄を促す腎臓・膀胱の代謝機能が低下して、水毒の症状を引き起こすおそれが。ジョギングやスクワットなど下半身を鍛える運動を日々の生活に取り入れましょう。

また、起き抜けの1杯に白湯を飲まれる方がいますが、白湯も結局は水。からだを冷やす可能性があるので、お湯だけで飲むのではなく、すりおろしたショウガを入れたり、天然塩をひとつまみ入れたりとひと工夫することが大切。からだが温まることで、水分の代謝がよくなり、冷えを防止することができます。

TIPS 91

ワインとキュウリでキレイに酔う

「とりあえずビール！」。駆けつけ1杯のビールほど美味しいお酒はありません。ですが、ビールはからだを冷やす陰性のお酒。冷えに悩む女性にとっては避けるべきお酒といえます。ですから、2杯目以降は、からだを温めるお酒を意識しましょう。

からだを温めるお酒の代表格が赤ワインです。赤ワインは抗酸化物質であるポリフェノールの含有量が高いことでも有名。白ワインよりも健康にいいというイメージもだいぶ定着してきました。からだを温めるという観点からも、赤ワインのほうが優秀といえます。赤ワイン以外の陽性のお酒は、日本酒、紹興酒、いも焼酎、ブランデーなどがあげられます。一方、からだを冷やすお酒は、前述したビール、白ワイン、麦焼酎、ウイスキーなどです。

麦焼酎やウイスキーを楽しみたい場合は、ロックで飲むのではなく、お湯割りにしたり、おつまみを陽性食品(チーズやプルーンなど)にしたりすればOK。

そして、お酒につきものなのが二日酔いです。余分な水分がからだに溜まっていることが二日酔いの原因のひとつ。ですから、飲む前にサウナに入るなどしてしっかり汗を流しておけば、翌朝苦しむことはありません。サウナに行く時間がない場合は、飲酒前に、紅茶やコーヒーなど利尿作用のあるお茶を飲んだり、同じく利尿効果が期待できるキュウリなどの野菜をおつまみにしたりして、余分な水分を体内から排出しておくことが、二日酔い防止のカギです。

また、ウコン成分が入った二日酔い防止ドリンクやサプリメントに頼る方も多くいるかもしれません。クルクミンというウコンに含まれる成分が肝臓のアルコール分解力を助ける作用があるため、飲酒前に飲んでおくと、悪酔いせずに済みます。じつは、このウコン、ショウガの仲間。つまりショウガにもクルクミンが含有されているので、ウコンのドリンクやサプリメントをわざわざ買うことなく、ショウガの搾り汁を焼酎に入れたり、ショウガの酢漬けをお酒のおつまみにしたりすれば翌朝にひびくことなく楽しめます。赤ワインとキュウリ&ショウガで、楽しい夜を過ごしましょう。

TIPS 92

便秘は薬を使っても大丈夫

女性の悩みで多いのが便秘。「何日もこなくて気持ちが悪い」、「出たとしても、コロコロとしたウサギのような便」……ついついトイレで力んで、切れ痔になってしまう。そんな悪循環に陥っている女性も少なくありません。

薬に頼らず自力で排泄したいと、何日も我慢している方がいるかもしれませんが、便秘に関しては薬を使っても大丈夫。というのも、便は老廃物ですから、それを何日もからだに溜め込んでいるほうが、薬を使うよりもずっとからだに悪いのです。便秘に使われる漢方薬では「大黄甘草湯《だいおうかんぞうとう》」というものがありますし、ドラッグストアで排泄を助ける薬は多く出ているので、薬剤師の方に相談してみるのもいいでしょう。

薬に頼る一方で、腸内環境を整える努力も必要です。便秘は、腸の血流が悪いことから起こります。そのだいたいの原因は冷え。ですから、腹巻きをしてお腹を温めたり、「腸もみマッサージ」で直接刺激を与えたりするなど、腸の動きをアシストしてあげること。「腸もみマッサージ」は手の平でお腹に「の」の字を書くようにさするマッサージ方法です。指先で2〜3分おすようにもみほぐすだけですが、大腸の動きはよくなります。ひどい便秘の場合は、食べると排泄しづらくなるので、朝食を抜きにするのもいいでしょう。

TIPS 93

3－3－3入浴法で代謝アップ

手軽にシャワーで済ませてしまい、バスタブに入るのは週末だけ、なんていう現代女性は多くいます。実家なら入っていたけれど、一人暮らしだともったいなくて……と、何年もお湯を張ったことがない女性もいるぐらいです。

ですが、美と健康を手にしたいなら、お風呂に入ることはマストの条件。気分がスッキリするという精神的なものだけではなく、全身が温まり、体内の余分な水分は汗として排出できるので、冷えだけではなくむくみも解消してくれます。

お湯の温度は、冬なら42〜43℃、夏なら40℃前後がオススメですが、少し汗が出るくらいが自分にとっての適温。季節や体調に合わせて効果的な温度に調整してください。

お湯に浸かるだけでも、冷えを解消し、疲れを取る効果がありますが、しっかり汗をかきたいならば「3―3―3入浴法」がオススメです。

「3―3―3入浴法」とは、3分バスタブに浸かり、3分でバスタブから出てからだを洗う、を3回繰り返す入浴法です。この場合、バスタブに浸かるのは合計9分でいいことになります。たったこれだけですが、効果は絶大で、30分のランニングに当たる300カロリーを消費したことになります。

お風呂には、バスソルトや炭酸系の入浴剤を入れて、発汗作用を高めましょう。じつはここでもショウガが活躍します。入浴剤の代わりに、スライスしたショウガをお風呂に入れたり、すりおろしたものをガーゼに包んでお湯に浮かしたりして、ショウガ風呂にしてしまうのです。ショウガの温め成分が皮膚から体内に取り込まれて、血流がよくなり、入浴後のポカポカ状態が続きます（お肌が弱い人は量に気をつけて）。

お風呂に入りながらぼーっとするのもいいのですが、ウエストをねじってみたり、足をバタバタさせたりと、ちょっとしたエクササイズを取り入れてみると、血のめぐりがよくなり、より入浴の効果がアップします。

TIPS
94

スマホを
シャットアウトして安眠へ

一般的には、からだのなかの温度が下がったときに眠りにつきやすいといわれているので、お風呂のタイミングは就寝時間の1時間前がベスト。入浴後は、軽いストレッチや腹式呼吸で、副交感神経を優位にし、リラックス状態に持っていくと、入眠しやすくなります。

寝つけないからと、スマートフォンなどでネットサーフィンを始めてしまう人も多いですが、これは厳禁。画面を暗くしてナイトモードにしたとしても、スマホのブルーライトは脳を覚醒させてしまい、眠気はどんどん遠ざかります。ですから、寝る前はスマホやパソコンをシャットアウトして、静かに過ごしましょう。

寒くて寝られないという場合は、湯たんぽや、ゆるめのソックスで足を温めてください。腹巻や肩をケープで覆うなど、冷えがちな部分もしっかりとカバーして、寝るときもからだを冷やさない工夫が大切です。布団乾燥機を使って、布団を温めておくのも寒い冬にはオススメです。

ですが、不眠の一番の改善方法は、昼間にしっかり運動をして、からだを程よく疲れさせること。「今日はからだを動かしてないなあ」という日は、帰宅時に最寄りのひと駅手前で降りて歩いて帰るなど、ちょっとした運動を追加してください。

TIPS
95

「お腹にカイロ」で生理は早く終わる

生理痛や生理不順は、子宮の冷えが原因のひとつになっています。子宮があるお腹まわりが冷えると、血行が悪くなり、卵巣の機能が低下してしまいます。すると、女性ホルモンの分泌が乱れ、生理痛や生理不順、不妊という様々なトラブルを引き起こします。また、生理痛で鎮痛剤が手放せないという女性は多いですが、鎮痛剤は解熱作用を含んでいるので、体温を下げ、さらには冷えを呼び寄せてしまいます。対処療法に過ぎない鎮痛剤を毎月服用しないためにも、常日ごろから腹巻きをするなど、子宮まわりを冷やさないように心がけましょう。

腹巻きは夏であってもつけていて欲しい温めアイテムです。血流が多いお腹を温めることで、効率的に体温を上げることができますし、血流がよくなることで、代謝がよくなり太りにくいからだにもなります。寒い日や生理中などは、腹巻きの上からカイロを貼ることもオススメです。腹巻きの上からなので、低温やけどになる心配もなく、じんわりとからだを温めることができます。

腹巻きカイロは生理痛軽減だけではなく、生理が早く終わるというメリットも。生理はだいたい1週間ぐらいですが、子宮を温めると、出血がダラダラ続くことなく、4〜5日間と短期間で終わる方が多くいます。初日と2日目はいつもより経血量は増えますが、3日以降はだんだん少なくなりサッと終わるので、長期間ナプキンを当てる必要がなく快適です。

オフィスでずっとデスクワークという方は、携帯湯たんぽで、からだを温めましょう。携帯湯たんぽといっても、専用の湯たんぽが必要なわけではなく、500mLのペットボトルで代用できます。お腹まわりに近い太ももにはたくさんの筋肉があり、血管が多く通っている部位。そこを温めるだけで、効率よく全身をポカポカにすることができます。ペットボトルにお湯を入れて、太ももに置き、上からブランケットを掛ければオフィスでも冷え知らずで過ごせるでしょう。

TIPS
96

温めポイントは
3つの“首”

からだのなかで冷えやすい部位といえば、くびれているところ。特に、3つの〝首〟といわれる「首」「手首」「足首」は皮膚が薄く血管が外気の影響を受けやすいので、充分に注意したい部位です。

首はストールやマフラーを巻いたり、蒸しタオルを当てたりしてもいいでしょう。手首は手袋でしっかり保温し、足首は靴下＋レッグウォーマーで冷えを防ぎます。こうした防寒アイテムは冬場なら自然に取り入れることができますが、できれば夏であっても冷え対策は続けて欲しいところです。夏はクーラーなどの冷気でからだの末端が冷えやすく、屋外と室内との寒暖差で自律神経が乱れることがあります。そのため、夏こそ薄手のカーディガンや靴下などで冷え対策が必要です。

日中冷えを感じたら、手浴や足浴をオススメします。お湯を張った洗面器やバケツに10分ほど手足を浸ければ全身がポカポカ。このとき、手首、足首までしっかりお湯に浸かっていることが肝心です。お湯にショウガのすりおろしや天然塩を入れれば、温め効果はアップし、血行がよくなります。手浴の場合は10分お湯に浸けたあとに、10秒冷水に浸けるという温冷浴を2〜3回繰り返せば、血管の拡張と収縮が繰り返され、さらに血のめぐりがよくなり、冷えにくくなります。

TIPS 97

筋肉量を増やして脱・貧血体質

血液中のヘモグロビン（赤血球中の全身に酸素を運搬する役割を担っているたんぱく質の一種で、鉄を含む色素と結合したもの）が減って起こるのが貧血です。ヘモグロビンが少なくなると、全身が「酸欠」状態となり、立ちくらみやめまい、息切れなど、貧血の症状が現れます。なかでも一番多いのが貧血の7割以上を占める「鉄欠乏性貧血」です。ヘモグロビンの材料となる鉄が不足することで起こる貧血で、バランスの悪い食生活や、過度なダイエットなどが主な原因。

生理で毎月血液を排出している女性は貧血になりやすく、様々な不調に悩む方も少なくないでしょう。漢方では貧血は陰性体質になって起こる症状ともいわれています。そのため、鉄分を摂取するだけではなく、からだを温めて、体質を陽性にすることが貧血予防策になるのです。

小松菜やほうれん草、魚の血合い、プルーン、ひじきといった鉄分が多いものをバランスよく取り入れつつ、鉄分の吸収を助けるビタミンCも忘れずに摂取しましょう。そして、からだを温めたり、筋肉をつけたりして、からだを陽性体質に。筋肉は体内の鉄を貯蔵してくれるので、筋トレや運動で筋力を増やしておくことで、貧血になりにくいからだにシフトすることができます。

TIPS 98

発熱ボディは“壁腕立て伏せ”から

腹巻き、カイロ、湯たんぽ、ソックス……からだを外から温めるアイテムは温活には必須ですが、一番手っ取り早くからだを温めるのは、自分自身が自家発電機のようになることです。

目指すは〝発熱ボディ〟。体温の4割は筋肉から作られるため、筋力をつければ、おのずと体温が上がり、基礎代謝も上がります。

筋肉をつけると聞いて、スポーツジムでの本格的なトレーニングを思い浮かべるかもしれませんが、会社と家との「移動時間」、家事と家事との「すきま時間」、テレビを観ながらの「ながら時間」など、短時間でできる簡単な筋トレでも充分に効果が期待できます。

オススメは、「つま先立ち歩き」。10歩×3セットを行うだけのお手軽筋トレです。つま先立ちをしながら掃除機をかければ無理なく日々の暮らしに取り入れることができます。同じく足を鍛えるトレーニングで、初心者向けなのが「もも上げ運動」です。背筋をしっかり伸ばし、片方ずつ太ももを床と平行になるように引き上げます。左右10回×5〜10セット行ってください。

また、壁に手をつき、ひじを曲げることで行う「壁腕立て伏せ」も、場所を選ばずにできるトレーニングで、1分あれば12〜13回はできてしまいます。上半身の筋トレですが、肩こりにもきくので、デスクワークで疲れたらトイレの個室などで息抜きがてらやってみるのもいいでしょう。

腕立て伏せや腹筋などは無酸素運動ですが、運動の効果をアップさせるためには、ジョギングやスイミングなどの有酸素運動と組み合わせるのがオススメです。また、筋トレをする際は、上半身から下半身という順番でトレーニングをしてください。下半身から始めると疲労物質である乳酸が溜まりやすいからです。まずは壁腕立て伏せなどで上半身を鍛えてから、つま先立ち歩きやもも上げ運動、ジョギングなど下半身を鍛えるトレーニングを。鍛える順番や無酸素、有酸素を意識して筋トレするだけで、効果に歴然たる差が現れます。日々の生活に筋トレを無理なく取り入れ、継続させることで、発熱ボディを手に入れましょう。

TIPS 99

熱が出ても安易に解熱剤は使わない

健康な人の平熱は測る部位や時間によっても異なりますが、ワキ下検温で36・5〜37・2℃。「37℃って微熱では?」なんて驚く方もいらっしゃるかもしれませんが、医学的には平熱の範疇《はんちゅう》です。

ですが、日本人女性の約9割の方が36・4℃以下。つまり、低体温といえるのです。体温が1℃下がると、基礎代謝は12%、免疫力は30%下がるともいわれているので、低体温=不調を招きやすい、といえるでしょう。特に、がん細胞は低体温を好み、35℃台では最も活発になるといわれています。ですから、平熱を上げて、免疫力を高める必要があります。

平熱を上げるためには、やはり、筋力をつけて発熱ボディを手に入れるしかありません。35℃台の方でも、筋肉をつけるだけで、簡単に36℃台にすることができますので、P230〜231の筋トレ方法を参考に、あきらめずにチャレンジしてください。

そして、風邪をひいて発熱した場合は、むやみに解熱剤に頼らずに、「免疫力を上げるチャンス」と思ってください。発熱はウイルスや細菌を退治するために白血球の働きが活発になることで起こる防御反応。無理に熱を下げてしまうと、治りが悪くなることがあります。ですから、発熱したら充分な水分を摂り、ミネラルやビタミンが豊富なりんごや黒糖などを食べて安静にしましょう。

栄養が必要とばかりに、たくさん食べる方もいますが、消化吸収に体力を奪われますので、無理して食べる必要はありません。人間も動物。犬や猫を見れば分かりますが、体調が悪いときはエサを食べずにひたすら寝ています。ですから、発熱時ぐらい、胃腸に負担がかかる食事は抜いて、エネルギーを他に回すべきです。

風邪のひき初めや寒気には、葛根湯《かっこんとう》という漢方薬で対処。飲むとからだがポカポカし、からだの中の動きが活発になります。風邪以外にも肩こりや鼻炎、頭痛にも効果があるので、家に常備しておくといいでしょう。また、すりおろした大量のショウガと七味唐辛子を入れた味噌汁を食事の代わりに摂ることもオススメ。グッとからだが温かくなり、いい汗が出て、寒気が一気に吹き飛びますよ。

TIPS 100

スクワットでプチ更年期症状を改善

更年期障害といえば、閉経を迎える50歳前後の女性特有の症状とされてきました。ですが、最近、20代や30代の方でも更年期障害の症状が出てしまうことがあります。更年期障害の代表的な症状であるほてりやホットフラッシュ、頭痛などは、血液が下半身から上半身に上がって起こる不調（昇症）と漢方では考えます。

閉経すると、いままで子宮に行っていた血液が不要になり、上半身に上がることで「昇症」の症状が出ます。ですが、最近の若い女性は、閉経していなくても、下半身の筋肉が少ないために血液が上に上がってきてしまうのです。これが若年性更年期障害のからくりです。つまり、上半身から下半身に血液を送るようにすれば、こうした「昇症」の症状は改善されるのです。

一番効果があるのは、スクワットです。足を肩幅に広げて立ち、両手は頭の後ろで組んで、息を吸いながら腰を落とします。このとき太ももは地面と平行になるようにし、膝がつま先よりも前に出ないようにしましょう。そして、息を吐きながら立ち上がります。1日に10回×5セットするだけで、筋肉が鍛えられ、下半身に血液が集まってくるでしょう。すると、更年期障害のような症状は緩和され、冷えやむくみといった他の不調も改善されます。

TIPS
101

心の不調は
筋肉で吹き飛ばす

ノドが詰まった感じがする、うまく息が吸えない、咳払いがクセ……こうしたノドに関する違和感は、うつの初期症状です。漢方では、「梅核気《ばいかくき》」と呼ばれ、最近では「ヒステリー球」として話題になりました。

こうしたノドのイガイガは、内視鏡で観察しても異常を見つけることはできません。漢方では「気」の流れが悪い証拠とされ、「気」の滞りを解消することで改善が見られるようになります。漢方における「気」とは生命体を維持するエネルギーのことで、滞るとイライラしたり憂鬱《ゆううつ》になったりします。「気」の流れをよくするには、ストレスを解消することが一番ですが、体温を上げて血の流れをよくすることも大事。

ショウガやシソ、シナモンは、気の流れをスムーズにする食品ですので、積極的に摂りましょう。そして、体温を上げ、ストレスを解消するためには、やはり運動して筋肉を鍛えることが一番の近道です。男性ホルモンの一種、テストステロンは男性らしい考え方や決断力がつくホルモンで、筋肉を鍛えると、このホルモンの分泌が増え、自分に自信が持てるようになります。そして、テストステロンには精神安定の作用もあるため、ストレスに強くなり、うつにもよいという特徴があります。筋肉を鍛えるということは、心の筋肉も鍛えられ、プチうつになりづらくなるのです。

SHOP LIST

［ア］
ADDICTION BEAUTY ☎0120-586-683
RMK Division ☎0120-988-271
アルティス ☎03-4405-8523
アルビオン ☎0120-114-225
イヴ・サンローラン・ボーテ ☎03-6911-8563
井田ラボラトリーズ ☎0120-44-1184
ヴェレダ・ジャパン ☎0120-070-601
エクスパンド ☎03-3492-7040
エスオーシー ☎0120-17-4132
エスティ ローダー ☎03-5251-3386
エテュセ ☎0120-074-316
エトヴォス ☎0120-0477-80
MiMC ☎03-6421-4211
MTG ☎0120-467-222
エル カフェ https://ellecafe.jp
エレガンス コスメティックス ☎0120-766-995

［カ］
花王 ☎0120-165-691
カネボウ化粧品（リサージ、キッカ、ルナソル）
☎0120-518-520
カバーマーク カスタマーセンター ☎0120-117133
クラランス ☎03-3470-8545
クレイツ ☎0120-25-9012
クルー ☎03-5643-3551
Koh Gen Do 江原道（こうげんどう） ☎0120-700-710
コスメデコルテ ☎0120-763-325
コーセー ☎0120-526-311
コーセーコスメニエンス ☎0120-763-328

［サ］
再春館製薬所 ☎0120-305-305
ザ・プロダクト（KOKOBUY） ☎03-6696-3547
資生堂/資生堂インターナショナル ☎0120-81-4710
シュワルツコフ プロフェッショナル ☎03-3472-3078
ジョンマスターオーガニック ☎0120-207-217
SUQQU ☎0120-988-761
THREE ☎0120-898-003
セルヴォーク ☎03-3261-2892

[タ]
ディセンシア 0120-714-115
ドゥ・ラ・メール ☎03-5251-3541
ドクターシーラボ 0120-371-217

[ナ]
ナーズ ジャパン 0120-356-686
ナチュラピュリファイ研究所 0120-24-5524
ナプラ 0120-189-720
ニールズヤード レメディーズ 0120-554-565

[ハ]
パナソニック理美容 健康商品ご相談窓口
0120-878-697
パルファム ジバンシイ
[LVMHフレグランスブランズ] ☎03-3264-3941
ピー・エス・インターナショナル ☎03-5484-3481
フレスコ https://fresco.buyshop.jp/
フローフシ 0120-963-277
ベアミネラル 0120-24-2273
ボビイ ブラウン ☎03-5251-3485
ポーラお客さま相談室 0120-117111
ポール & ジョー ボーテ 0120-766-966

[マ]
メイソンピアソン ☎0570-00-2648

[ヤ]
ヤーマン 0120-776-282

[ラ]
ラッシュジャパン 0120-125-204
ラ ロッシュ ポゼ お客様相談室 ☎03-6911-8572
ランコム ☎03-6911-8151
リッシュ ☎03-6435-0113
ルーヴルドー ☎06-6442-0365
レブロン 0120-803-117
ロージーローザ 0120-253-001
ローラ メルシエ ジャパン 0120-343-432
ロレアル パリ ☎0570-783053

※本誌掲載商品の価格は、断りのある場合を除き、消費税抜きで表示してあります。
ご購入の際は、別途消費税がかかります。ご注意ください。

写真：　吉岡真理
デザイン：　月足智子
イラスト：　chieko
原稿：　河村美枝（CHAPTER1,2,3）
柿沼曜子（CHAPTER5）
中嶌邦子[smile editors]（CHAPTER4,6）
編集協力：　黒木博子、岩越千帆、印田友紀[smile editors]、柿沼曜子
編集：　小寺智子

〈帯〉
モデル：　井川遥
写真：　岡本充男
スタイリング：　亘つぐみ[angle]
ヘア：　道下大
メイク：　水野未和子[3rd]

& ROSY特別編集
35歳を過ぎたら知っておきたい
美容テクニック101

2018年3月30日 第1刷発行
著者　& ROSY編集部
発行人　蓮見清一
発行所　株式会社 宝島社
〒102-8388
東京都千代田区一番町25番地
編集：03-3239-0926
営業：03-3234-4621
http://tkj.jp
印刷・製本　株式会社光邦

ISBN978-4-8002-8209-5